原文书名：Transforming University Education: A Manifesto

原作者名：Paul Ashwin

Copyright © Paul Ashwin, 2020

This translation of Transforming University Education: A Manifesto is published by China Textile & Apparel Press by arrangement with Bloomsbury Publishing Plc.

著作权合同登记号：图字：01–2023–5467

图书在版编目（CIP）数据

大学教育的转变：迷思与破解／（英）保罗·阿什温著；蒋若凡译 . -- 北京：中国纺织出版社有限公司，2023.8

书名原文：Transforming University Education：A Manifesto

ISBN 978-7-5229-0919-6

Ⅰ. ①大… Ⅱ. ①保… ②蒋… Ⅲ. ①高等教育－研究 Ⅳ. ① G64

中国国家版本馆 CIP 数据核字（2023）第 159439 号

责任编辑：华长印 许润田 责任校对：江思飞
责任印制：王艳丽

中国纺织出版社有限公司出版发行
地址：北京市朝阳区百子湾东里 A407 号楼 邮政编码：100124
销售电话：010—67004422 传真：010—87155801
http://www.c-textilep.com
中国纺织出版社天猫旗舰店
官方微博 http://weibo.com/2119887771
北京华联印刷有限公司印刷 各地新华书店经销
2023 年 8 月第 1 版第 1 次印刷
开本：787×1092 1/16 印张：9.25
字数：125 千字 定价：128.00 元

凡购本书，如有缺页、倒页、脱页，由本社图书营销中心调换

纪念刘易斯·埃尔顿（Lewis Elton）和大卫·沃森（David Watson）

两位是大学变革力量的倡导者，深受人们怀念

———————————

他们要求支持大学变革力量潜力的论点

应以系统的证据与严密的思维为基础

而非诡辩之法

前　言

本书中提出的观点是作者在多年之中通过与多人讨论大学教学的本质而发展形成的。为这些讨论作出贡献的人数众多，难以一一提及，但我想在此对少数作出了巨大贡献的人表达我的谢意。

我要对我在兰卡斯特大学教育研究系的同事表达感谢，感谢他们同我进行了许多有关高等教育的深入讨论。我还要对兰卡斯特大学表达感谢，感谢其为我提供了为期一年的学术休假并支持我利用假期中的部分时间来撰写此书。我很荣幸能成为英国经济与社会科学研究理事会（ESRC）与英国学生事务办公室及英格兰研究资助委员会（OFSRE）资助下的全球高等教育中心（CGHE）的一员。在与全球高等教育中心的研究员共事的过程中，我受益匪浅。在此，我想特别对西蒙·马金森（Simon Marginson）、克莱尔·卡伦德（Claire Callender）和加雷斯·帕里（Gareth Parry）表示感谢，感谢他们同我对大学教育的本质多次进行了长时间的探讨。我曾同珍妮·凯斯（Jenni Case）共同主导了全球高等教育中心项目"通往公共利益的途径"（Pathways to Public Good）（受英国经济与社会科学研究理事会及南非国家研究基金会（NRF）资助）。有多位来自南非、英国及其他地区的同事深入参与到了此项目当中，他们对我的影响很大，让我的视野不只局限于英国的高等教育系统。

本书也是基于我在《高等教育中的反思性教学》（*Reflective Teaching in Higher Education*）方面的工作而逐渐形成的。对我来说，能够与一个庞大的国际作者团队合作，整合已知的高等教育教学与学习方面的知识也是一次非常棒的经历。我十分感谢所有对该书前两版作出贡献的作者。同时，我还要特别感谢安德

I

鲁·波拉德（Andrew Pollard），感谢他作为《反思性教学》丛书编辑为我提供了如此有利的环境。特别感谢布鲁姆斯伯里出版社的艾莉森·贝克（Alison Baker），感谢她对《高等教育中的反思性教学》的支持，感谢她对本书的写作充满了热情，提出了许多真知灼见。为本书提案的匿名审核人员帮助我将本书的焦点从杰出教学转向了变革大学教育，这对我的帮助十分巨大。

本书的另一个重要基础元素是我同莫妮卡·麦克莱恩（Monica McLean）及安德里亚·阿巴斯（Andrea Abbas）所做的对英国社会学本科学位项目学生的追踪研究。最近，我同阿希什·阿格拉瓦尔（Ashish Agrawal）、马格斯·布莱基（Mags Blackie）、珍妮·凯斯（Jenni Case）、扬娜·科姆列诺维奇（Janja Komljenovic）、简·麦克阿瑟（Jan McArthur）、妮可·皮特森（Nicole Pitterson）、凯莉·罗斯威尔（Kayleigh Rosewell）及雷内·斯密特（Rene Smit）共同参与了一项全球高等教育中心项目。通过此项目，我正在研究英国、南非及美国的化学及化学工程本科学位项目。即便后者仍在进行当中，但这两项研究都对我对大学教育本质的理解做出了相当大的贡献。我与两个项目团队的合作都十分愉快。

其他同我进行了重要交流并对本书写作有所启发的人员包括海伦·布劳顿（Helen Bråten）、罗丝玛丽·蒂姆（Rosemary Deem）、迪迪·格里芬（Didi Griffioen）、卡洛琳·杰克逊（Carolyn Jackson）、默里·桑德斯（Murray Saunders）、凯伦·史密斯（Karen Smith）和蕾切尔·斯威特曼（Rachel Sweetman）。我要特别感谢德里克·海姆（Derek Heim）及保罗·特罗勒（Paul Trowler），感谢两位通读了本书全稿，并给出了见解深刻的评语。他们两位在我对本书的论点与方向产生怀疑不定之感的时刻帮我克服了难关。

最后，我想要感谢艾玛（Emma）、罗莎（Rosa）和乔纳森（Jonathan），感谢他们对我全身心投入本书写作时的宽容，感谢他们组成了我人生中最美好的一部分。

当然，本书中所犯的所有错误与所有误判皆是我一人之过。

保罗·阿什温

目　录

第一部分

挑战关于大学教育的迷思

01

1

绪论：这不是又一本关于高等教育危机的书

在高等教育之中，危机之谈可谓比比皆是。高等教育危机种类繁多：资金危机❶、领导危机❷、使命❸与管理危机❹、入学机会与包容性危机❺、学生债务与毕业生就业危机❻、人文社科学科危机❼甚至是道德危机❽。上述危机并不常常与大学所提供的教育相联系，但当两者关联起来时，其讨论的更多是关于大学没能培育出有就业能力的毕业生❾，抑或是学生未能利用他们在大学的时间学到更多的知识❿，而并非对大学教育的教育性作用进行细致探究⓫。然而，尽管在有关大学的普及文献当中充斥着几乎是压倒性的危机感，但此章绪论的标题仍是其字面所指的：这不是又一本关于高等教育危机的书⓬。

我的观点不是大学面临着一场教育危机，或是大学完全耽误了它们的学生。有许许多多的学生从他们在大学的时光里收获良多，也因大学的经历而改变。相反的是，我的观点是我们需要将注意力重新放在攻读本科学位的教育性目的上，而不是专注于学位的经济价值。对于高等教育价值的经济考量已然过度并开始扭曲关于大学教育的教育性价值的讨论。需要明确的是，这并不意味着经济价值毫不重要，这只是说关注经济价值并不能帮我们找到高质量大学教育的本质。

这种情况为何发生？

随着全球对高等教育需求的增大，高等教育入学人数增多，提供高等教育所需的成本也随之上涨 **⑬**。如此情形之下，关于如何资助高等教育问题的讨论毫无疑问就变得重要起来了，而不同的国家对高等教育受政府资助程度和受学生贷款及家庭支持的资助程度有着不同的态度 **⑭**。

然而，有关高等教育资助的问题主导了关于高等教育质量的讨论却是问题所在。这主要是由那些期望学生为高等教育支付相当数量的费用的社会所引领的，例如美国和英国 **⑮**。学生偿付高等教育费用的依据是与没有攻读学位的人相比，在接受高等教育之后他们的收入更高，因此对高等教育的投资是值得的 **⑯**。这也经常用来作为支持社会正义的论据：鉴于更多比例的享有社会和经济特权的人倾向于会接受高等教育，若是政府要用税收资助高等教育，那么为什么更加贫苦的人要通过纳税来资助富人的教育呢 **⑰**？对于这些关于高等教育资助的观点本书无意进行深入探究，但是值得我们注意的是，此类观点往往忽视了这样一点：若是社会中有更多的本科毕业生从事护士、社会福利工作者、医生、工程师，甚至大学教师、政治家和政策制定者的工作，那么社会中的每一个成员就都能受益。

本书所关注的是，经济角度的观点是如何在有关大学所提供的教育质量的讨论之中成为主导声音的。现在的情况是，学生应为高等教育支付更多费用的经济理由已经变成了评估高等教育质量的一种观点。将接受高等教育视为一项明智的经济投资的想法致使人们认为，人们所接受的高等教育的质量越高，则在毕业之后的收入也应该越高。此类观点不仅仅在学生需要支付教育费用的社会中变得十分普遍，即使是在学生无须缴纳学费并且能从政府处获得丰厚生活费的国家里，人们也常常因为高等教育提供了未来的劳动力，既有利于大学毕业生个体，也有利于广大社会，所以才把政府为高等教育支付费用视为正确的 **⑱**。

本书认为，大学教育的教育性目的并不是为了让学生为未来的工作做好准备。相反，高等教育的教育性目的是将学生带入一种转变性的知识关系中，改变他们对自我的认知以及自我能力的认知。这无疑能让学生们做好为社会作出贡献的准备，这里的贡献当然也包括他们对劳动力市场的贡献。但是，对劳动力市场的贡献只是高等教育核心教育性目的的副产品，而不是其推动力量。本书将展现的是，当我们失去了对高等教育教育性目的的清晰认知之后会陷入怎样的困境，同时也将为我们该如何将这些目的重新放回有关大学教育思考的核心里去而提出建议。

单单从经济角度理解学位价值错在哪

如果我们只从经济角度去理解学位的价值，我们就会倾向于关注大学毕业生比非入学毕业生的收入能增加多少。而这其中暗含了这样一种看法，那就是收入最高的人应该是最有能力的，而毕业生收入最高的院校也就质量最高。这种看法的问题在于它忽视了世界范围内教育与就业的成果都受到了社会特权的巨大影响[19]。这便造成了一种恶性循环，在此循环中，社会特权被误认为是能力。那些拥有最大教育特权的人自然更能在学业上表现得更好，而人们给他们贴上最有能力的标签也毫不令人意外。他们又倾向于选择社会上最具名气的大学，但主要不是为了这些大学所提供的教育质量，而是为了这类大学的名气。接着，这种特权与名气就能给大学毕业生和大学带来优秀的就业成果。正因这样，最终我们会把社会特权误认为是学术能力，把大学名气误认为是教育质量[20]。我们需要慎重看待这一观点。这并不是说具有社会特权的学生缺乏能力，也不是说名气高的大学不能提供高质量的高等教育。这一观点仅仅是说社会特权并不能告诉我们学生的能力是高是低，而大学的名气也不能告诉我们其教育质量是好是坏。社会特权与大学名气并不能让我们知晓学生的能力或是学位项目的质量，就像我们无法从表带的颜色知晓手表的质量一样。

如果人们把社会特权误认为是学术能力，把大学声望误认为是教育质量，那么人们就会认为大学中没有发生任何在教育上重要的事。这一点至关重要，因为它最终会动摇大学教育存在的理由并反过来把大学教育仅仅定位为一种社会选择的形式，我会在本书中逐步对此进行解释。

为何对大学教育的承诺至关重要

关于大学教育重要性的言说中存在着许多夸大之辞。例如，有时候高等教育被视为是改变社会的方式❷。然而，高等教育更为可能反映和再现社会当中不平等的现象，而不是改变它们❷。在许多时候，人们似乎相信，只要我们把少数几个穷困学生送进某些精英院校，我们就在改变社会的道路上顺利迈进❷。需要明确的是，这的确可以对这些学生和它们的家庭带来巨大的转变，同时也可能让他们产生深深地疏离感❷。但是，改变少数个体的人生轨迹并不能改变社会中的不平等。

这是因为大学并非独立于社会而存在的，而是社会中不可分割的一部分。我们所能预期的最好结果就是，高等教育与其他社会机构共同合作，在减轻社会中的某些不平等中出一份力，但这能成为现实的前提是我们搞清了大学提供什么样的教育才能促成这些改变。同时，我们需要在大学与其他社会机构之间建立起更多的合作关系，从而支持大学毕业生利用他们所受到的教育在社会中发挥转变性的作用❷。所有这些事情都并非是非黑即白的，清楚这一点十分重要。高等教育从来不是只具有再现性或是只具有转变性的：它总是在某些方面具有再现性而在另外一些方面具有转变性。我们可以分别考虑大学教育的再现性与转变性效果，从而确定在具体的特定时间点时，到底是高等教育的再现性效果占主导地位还是它的转变性效果占主导地位。本书关注的焦点是，在承认大学教育再现性影响与转变性影响间始终存在一种紧张关系的情况下，什么样的大学教育最有可能促进社会公平。

同样，在我们对于高等教育不同参与者的看法中也存在着类似的紧张关系。对于不同参与者所作所为的影响，我们既可以采取英雄叙事也可以采用反派叙事。我们既可以认为政策制定者是努力保证大学严格承担其教育职责的英雄，也可以认为他们是想要创造一个市场化的高等教育体系的反派，想让大学永不停息地在追求名利的道路上相互竞争。我们既可以认为大学领导者是面对政策制定者不合理要求时仍然为社会生产与分享知识的英雄，也可以认为他们是试图弘扬自己领导下的院校所完成的种种奇迹的反派，因为这些关于奇迹的叙事常常是自私自大且与现实几乎完全不符的。我们既可以认为大学教师是在自身工作难保的情况下仍然与商业向大学所提出的要求做斗争的英雄，也可以认为他们是为了自己的学术名气不停地发表论文却对自己的教学任务敷衍了事的反派。我们既可以认为学生是面临经济困境依然追求对知识的热爱的英雄，也可以认为他们是坚持自己有着绝对权力让教师把知识喂到嘴边，不用接触任何学术挑战的反派。我们既可以认为大学商业排行榜是即使大学对他们毫不理会时仍然告诉学生不同学位项目真实质量的英雄，也可以认为他们是把各种没有可比性并充满误导性的数据源结合在一起从而创造出各种毫无意义的评估标准的反派。

这些叙事方式具有欺骗性，而你甚至可以在本书中发现一些这样的叙事。虽然这些叙事把复杂的现实过分简单化了，但它们也能清晰地反映高等教育参与者在履行自己职责时的不同做法之间的紧张关系。这样一来，这些叙事就对我们思考想要达成什么目的与想要避开什么后果十分有用。本书的目的是试着为构建一个具有包容性与转变性而非精英性与再现性的高等教育系统做出贡献。必须指明的是，这并非是一本书或是一名作家就能够完成的任务，这需要投身于大学教育的人们不断讨论。这是一项长期的集体项目，既有充满希望之时，又会多次经历绝望。重要的是不停讨论大学教育的教育性目的，从而让我们对于大学教育想要达成什么目的，大学教育该如何去达成目的有一个更加清晰的认识。

本书为谁而写？

正如前文所表明的，本书是写给对高等教育感兴趣，对高等教育如何教育学生感兴趣，对高等教育毕业生对于世界的影响感兴趣的任何人。在最后一章中，我考虑了本书的观点对于大学领导者，大学工作者，学生及政策制定者的影响。但是，在大学教育参与者的家庭成员中，想要思考大学教育可以怎样改变学生的人也可能会对本书产生兴趣。关键点在于，本书并不要求读者对于高等教育有着学术兴趣，只要求他们对思考大学如何对学生的教育做出贡献具有兴趣。

一个相当重要的问题是，本书与全球众多的高等教育系统中的哪一个有关呢？有必要说明的是，本书中的观点是根据我自己考察什么是高质量的大学教育的经历发展起来的，特别是对英国大学教育的考察，当然我还考察了欧洲的其他国家以及南非的大学教育。然而，为支持本书观点而引用的文献来自许多不同的国家，其中也囊括了一些国际比较研究。本书中引用的所有文献都是以英语发表，而许多有关高等教育的重要文献都是以其他语言发表的，这无疑就限制了本书引用文献所涵盖的范围。基于同研究人员对大学教育本质的讨论及对全世界相关研究资料的研读，我认为种种突出问题在全世界的许多国家中都有出现，因此它们对全球来说是具有重要性的。但是，这些问题出现的方式也会因不同高等教育系统而异，而在不同时期也会有着不同的表现。

此处举两个能帮助说明潜在差异的例子。第一，简而言之，本书关注的是本科教育。当然，大学也提供其他形式的教育，而本科教育的重要性在不同高等教育系统中也各有不同。广泛的教育原则同所有形式的高等教育都有关系，但它们在实际中如何体现会因不同的教育环境而不同。第二，商业性大学的排名在某些国家的重要性远低于其在美国与英国中的重要性，同样的是，不是所有的高等教育系统都有着明确的院校等级。但是，同样有证据表明在接受高等教育的青年人数超过半数的所有高等教育系统中都能发现不同类型的大学之间的分层，在人们通常认为更加平等的国家中也是这样，如挪威和芬兰[26]。本书中的哪些部分似乎与读者自己所处的环境有关、哪些部分需要采纳而哪些部分应该忽略就有待读者个人去决定了。但我认为有关大学教育教育目的的核心问题、大学教育的关键因素以及评估大学教育质量的方法与所有不同等级、不同系统的高等教育都是相关的。

本书是如何写就的？

我并没有把本书当作一本学术书籍来写。正如本书标题所言，我是将其当作一条关于大学教育的宣言来写的 [27]。本书尝试找出当下我们所思考的大学所提供的教育的方式中存在的问题，并提出一些其他思考大学教育的思维方式。本书的目的在于重振关于高等教育的教育性目的的讨论。

为了支持这种写作方式，书中采用了简短的脚注，从而让读者能够查阅那些支撑本书观点的论据。脚注为感兴趣的读者提供了主要论据来源，可以作为进一步阅读的参考。但读者阅读本书时不参看脚注也是完全可以的，这是我写作时的有意为之。本书是基于论据的，但不是以论据为主导或论据驱动的，因为提出的观点始终会涉及判断和解释，即便大家都没有曲解事实，同样的论据也可以被不同的人解释出不同的含义。

一些有趣的术语

虽然本书是写给所有对高等教育感兴趣的读者的，但本书中也使用了一些看起来很奇怪的术语。例如，我写的是"大学教育"或"高等教育"需要什么，而大多数的学生、毕业生、大学里的工作者和他们的家人却通常不会这样来称呼本科学位。我采用这两个术语主要是出于修辞原因，想要用它们来强调大学在提供一种高等教育形式上的作用，本书将"大学教育"或"高等教育"看作是对相关学生个体有着转变性作用的一种教育❷。说它对学生个体有着转变性作用，是因为它能改变学生对世界的认知，帮助学生提高改变世界的能力。本书认为本科学位的核心教育性目的就是转变学生。正因如此，本书才使用"大学教育"这一术语来提醒读者高等教育的这种转变性目的。

本书的总体观点

本书认为，如今经济角度的观点主导了我们对高等教育本质及目的的思考。我们已经丧失了对本科学位教育性目的的认知，丧失了将上大学看作接受高等教育机会的清醒认识。本书的第一部分挑战了一系列有关本科教育目的、教育过程及教育质量评估的迷思，这些迷思是现今有关高等教育中教育性部分的误解的基础。本书的第二部分论述了若要重振我们对于高等教育的理解，我们需要些什么的议题。

本书标题"大学教育的转变"的意义模棱两可，是我有意如此。本书是关于大学教育如何帮助转变学生、转变社会的，是关于我们能如何转变大学教育从而让它对学生与社会的转变更容易实现的。本书结构所反映出的一个重要承诺是，尽管对当前人们对于大学教育的主流理解进行批判很重要，但这永远只能是一个起点。只有当这样的批判能得出其他理解大学教育的方式时，它才是有价值的。正如前文强调的，提出其他的理解方式的意义不在于希望政策制定者能够全盘采纳它们，而是在于为理解高等教育目的的各种集体讨论与集体方式做出贡献。本书的观点旨在激起反应与反驳。本书成功与否的衡量并不是看有多少人同意了本书的观点，而是看有多少人用本书的观点来进一步思考并提出有关我们该如何看待大学教育的想法。

本书结构

本书的第一部分试图挑战一系列有关大学教育的迷思。这些迷思需要得到纠正，因为它们已经阻碍了人们对具有包容性、转变性的大学教育形成一个清晰的设想，而这也是本书的核心目的。

本书第二章聚焦于"挑战关于大学教育目的的迷思"。第二章论述了经济角度的理由是如何主导了我们对于上大学目的的理解。该章讨论了支持关于高等教育目的经济观点的两大迷思：毕业生溢价的迷思及通用技能的迷思，并论述了这两大迷思是如何相互结合，从而支持这样一种观点，即高等教育的目的就是"标示"毕业生值得雇佣。这种标示方法动摇了高等教育作为一种教育性事业的地位，因为其暗示高等教育所提供的知识、教育过程或大学环境并无特别之处。挑战这些迷思凸显了知识在塑造学生从大学经历中获得的意义方面所起的核心作用。如果我们把知识剔除，那么我们最终得到的只会是对于学生教育经历的空洞描述，几乎不能传达出任何有关他们教育经历质量的有意义信息。

本书第三章聚焦于"挑战关于大学教育关键因素的迷思"并以第二章中的观点为基础。在第三章中，我论证了七种关于大学教育的迷思需要得到挑战，以便支持专注于学生对知识形成的转变性关系的高等教育。这些迷思包括启发式教师的迷思、天生优秀的教师的迷思、完美教学方式的迷思、以学生为中心的迷思、将对学生课业评定视为公开的评估方式的迷思、天赋异禀的学生的迷思、保守性与工具性学生的迷思。通过挑战这些迷思，第三章构建起了高质量教育过程的六大原则，而这六大原则将在第六章中得到详细讨论。

本书第四章聚焦于"挑战关于评估大学教育质量的迷思"。该章考察了三类关于评估方式的迷思：关于商业性大学排名的迷思、关于大数据的迷思及关于良方妙计的迷思。第四章从大学在这些教育质量评估标准上钻空子的影响及创造有效的教育质量评估标准的成本的角度解释了，为什么挑战这些迷思是十分重要的。该章提出了构成有效的教育质量评估标准的六项原则，而第七章将对这六项原则进行深入讨论。

本书的第二部分从挑战迷思转向提出大学教育的转变的一个构想，旨在为有关大学教育目的、教育过程及教育质量的思考提供其他思考方式。第二部分中的各章遵循一个共同的结构。首先，提出对大学教育某一方面的理解方式的一种构思。接着，考虑有关这种理解方式的一些棘手的问题。对于这些问题的回应旨在让读者对于这种理解方式有更丰富的认识，对于这种理解方式潜在的优缺点有着更丰富的认识。

本书第五章提出了"大学教育目的"的一个构想。基于在第二章中讨论的想法，第五章提出了一种根据学生对学科知识或职业知识形成的转变性关系来理解本科学位目的的观点。该章解释了这种转变性关系在一系列学科中是什么样的，并讨论了这种关于本科学位目的的思维方式的各种影响，而这些影响与需要与致力于深入对这些知识体系理解的专业教师和院校有关。接着，该章讨论了关于高等教育目的这种理解方式所产生的六个棘手的问题，在第七章将展开讲解。

本书第六章提出了关于"大学教育的关键因素"独特理解方式的一种构想。该章概述了一种对高等教育中的教育过程的看法，其与第三章中提出的六项原则是一致的。通过讨论关于教育过程的观点是如何与每一项原则保持一致的，该章对该观点进行了详细阐述。接着，该章对高质量教育过程理解方式的八个棘手问题进行了讨论。

本书第七章提出了关于"评估大学教育质量"的一种构想。该章概述了一种关于如何评估高等教育质量的看法，这是以第四章中提出的七项原则为基础的。第七章首先从个人选择学位项目的角度进行论述。接着，该章探讨了同第四章中七项原则保持一致的评估学位项目质量的系统该是什么样的议题。最后，该章讨论了关于这种评估学位项目质量方式的四个棘手问题。

本书第八章聚焦于"转变与维持大学教育"。该章阐明了本书中所提出的大学教育的构想。接着，第八章概述了关于改变大学教育的一条宣言。为支持这一观点，该章首先陈述了一种变革理论用以支撑这一宣言，接着讨论了院校领导者、大学工作者、学生、政策制定者可以做些什么来促成大学教育的转变。

总结

本书为大学教育的转变提供了一条宣言，挑战了扭曲我们对于大学教育的教育性潜力认知的无益迷思，阐明了大学教育的另一种构想。若是我们想要朝着一个始终能让学生改变对自我的认知、改变对自己在世界上的能力的认知的大学教育而努力，那么这一构想就十分重要。正是这种教育让学生准备好与他人合作，共同为改变社会贡献力量，共同迎接未来世界无法避免的挑战。

2

挑战关于大学教育目的的迷思

在世界范围内，高等教育的入学人数正在不断增加，全世界超三分之一的高等教育系统录取了超过百分之五十的完成高中学业的青年 ❶。为什么如此多的人去上大学呢？这对于个人、对于社会有什么好处吗？我们如何回答这类问题揭示了我们对于大学教育目的的理解。在本章中，我将论证经济角度的观点已经过度主导了关于大学教育目的的讨论。而这带来的后果就是，我们失去了对本科学位教育性目的的理解。这些经济角度的观点因为缺少对本科学位教育性目的的关注，所以在占据主导地位以后导致了许多关于大学教育目的的有害迷思产生。说这些迷思是有害的，是因为它们动摇了本科学位作为一项教育事业的地位，我将在本章中证明这一点。

在本章中，我将首先探讨扭曲的我们对于本科高等教育目的理解的迷思。这些迷思同高等教育与就业之间的关系是相关的。随着越来越多的社会拥有较高的高等教育入学率，人们会问出为什么社会要为高等教育的扩张提供资金这样的问题也在情理之中。而对于这个问题的一个常见回答是，高等教育的作用是让人们为就业做好准备 ❷。在本章中，我将论证虽然大学教育在让毕业生准备好就业方面有着毋庸置疑的作用，但是，这并不是其首要的教育性目的。从单纯的经济角度来考量教育性目的会产生两种主要的关于高等教育目的的迷思。首先，我将探讨这两种迷思，论证其是如何结合起来动摇对高等教育的承诺的。其次，我将提出另一种理解高等教育目的的方式。这种理解方式考虑了学位是如何让学生为就业做好准备的，但并没有将其作为本科高等教育的主要教育性目的。在本章中，我只介绍了这种本科教育目的的理解方式，之后在第五章中还会进行深入探讨。

两个有关高等教育目的的迷思

当下有两大迷思主导了我们对于高等教育目的的思考，而两者都与高等教育与就业之间的关系相关，即毕业生溢价的迷思和通用技能的迷思。

毕业生溢价的迷思

在学生需要支付学费的国家，政治家和大学领导者们经常会被问及对大学教育的"投资"是否值当。他们在回答时总有一刻，甚至常常是在回答的第一刻，就会谈到"投资"是值得的，因为从大学毕业之后毕业生的收入会更高。而人们通常把此称为"毕业生溢价"。让我们先暂时忽略掉棘手的因果问题（虽然我们丝毫不清楚在何种程度上毕业生多出来的收入是源于他们拥有一个学位）就只考虑这种说法的基础。其本质上是一种关于大学教育目的的工具性观点：为高等教育花钱是值得的，因为它能带来回报（对一部分人来说就是更高的收入）而不是因为高等教育本身有着内在的价值。

对于此观点第一个需要注意的是，因为这是一种工具性的观点，所以若是大学毕业生的收入不比非大学毕业生的收入高，那么投资高等教育就不值得了，而声称笃信大学教育的人以这种观点为基础来为大学教育辩护就显得奇怪至极。这种观点也隐含地为另一种看法提供了依据，即教育过程中并没有任何内在发生之事能让教育有价值。相反，这种为大学教育进行辩护的方式意味着，仅仅因为你可以在毕业后在就业市场上用学位证书换取薪水，才使得参与高等教育具有价值。任何没能获得学位证书的人，无论是因为什么原因没能获得证书都完全浪费了他们的时间，而那些以不正当手段取得学位证书的人至少和那些以正当手段取得学位证书的人一样做出了一份优秀的投资。事实上，从这个角度来看的话，如果作弊比实际攻读一个学位的成本更低，那么作弊似乎是一项更好的投资。

第二件值得注意的事是，如果认为大学毕业生最终会从事非大学毕业生的工作，那么这种关于本科学位目的的观点则可能引起一种道德恐慌感。这种恐慌感源于此类关于大学教育目的的说法所具有的工具性本质。如果一个学位的正当性是靠毕业生增加的薪资来判断的，而毕业生最终却从事并不需要学位的工作，那么就可耻地浪费了金钱。此处必须要明确的一点是评判学位价值的理由与此处所说的道德恐慌感之间的关系。如果以不同的标准来评估学位的正当性，例如能否培养具有批判性的公民，那么在这种情况下，这种道德愤怒感就会消失。这也突出了这种情况中隐含的一种势利心，也就是对于那些从事非大学毕业生也能做的工作的人"过度教育"的厌恶。虽然有人会说"过度教育"仅仅是一种"技术性的描述"，但是我们的用语能展现出我们思考的重要信息，而非所有信息都是我们有意传达的。这种"过度教育"的想法也吸取了其他的一些想法，即认为对于从事某些工作的某些人来说，学习知识不是一件好事的想法。如果我们考虑一下这里的"某些人"都指的是谁，那么我们会发现，这个词常常指的是那些被认为没有能力与途径来反抗这种说法，并被认为不能自己决断何类知识对其有用的人。

第三件值得注意的事是，这些关于毕业生溢价的论断常常是在与特定的国家背景相联系下作出的。如果我们在全球视角上看待毕业生溢价，那么把高等教育核心目的看作是毕业生溢价的荒谬之处就不言而喻了。因为，如果我们从全球视角来思考毕业生溢价，那么我们很快就能发现毕业生溢价不过是经济不平等的一种体现。毕业生溢价最多的国家也是有机会接受高等教育的人群和没有机会接受高等教育的人群之间收入差距最大的国家 ❸。也就是说，经济最为不平等的国家也是毕业生溢价最多的国家。同样，此处的因果关系十分重要。是经济的高度不平等导致了过多的毕业生溢价还是过多的毕业生溢价导致了经济的高度不平等呢？如果我们认为经济的不平等是由本科教育的奇迹造成的，那么我们实际上就是认为高等教育应该在加深大学毕业生与非大学毕业生之间的不平等而发挥作用。我们真的想以这为基础来捍卫高等教育的价值吗？我们判断学位价值的依据就是能不能让自己比不在乎学位的人更富有吗？让我们想一想自己想要生活在哪种社会当中，我们到底是想要生活在不平等程度最深的社会当中还是不平等程度最低的社会当中呢？

我的语气已经透露了我的态度，我不认为毕业生溢价是接受高等教育的依据，我们不应该提出这样的依据，而任何稍有自尊的大学领导者也都不应该提出这样的依据，对我所概述的各种批评有这样一种反对意见，即我提出的批评没有说到点上。并不是大学毕业生与非毕业生之间的薪水差距重要，而是学位让你有能力从事本科毕业才能做的工作才是重要的。所以，我们可以先把对于本科生溢价的关注放在一旁，来看一看本科学位是如何让学生准备好在社会中承担起一个重要角色的，重要到很可能能让学生帮助减轻社会不平等抑或是加剧社会不平等。让学生能够承担起这个角色的是他们通过学位获得的毕业生属性或技能，这就引入了有关本科教育目的的第二个迷思——通用技能的迷思。

通用技能的迷思

通用技能的迷思并没有关注付给毕业生薪水中的溢价，而是认为大学教育的核心目的是让学生掌握"可用于不同工作的"技术，这种技术是雇佣者所看重的，既有助于个人成功，也有助于经济发展。在这个版本的高等教育目的当中，重要的是你作为大学毕业生的能力而不是你的收入（虽然前者可能对后者有帮助）。然而，至关重要的一点是，这种观点是用通用技能而非具体技能来描述你的能力的。也就是说，这种观点是关于高等教育如何培育具有解决问题能力与沟通能力的人的，而不是关于高等教育是如何培养工程师或是化学家的。就像毕业生溢价的观点一样，虽然乍一看之下这种把本科教育的目的视作提升通用技能的观点十分有说服力，但是当我们分析其与具体技能的关系时，这种观点便会分崩离析。问题在于，仅仅因为我们可以通用地描述任何过程，并不意味着在这个过程中所涉及的东西具有实质的通用性。换句话说，能够用某种具体技能来描述一个事件，并不意味着该技能在该事件中得到了体现。毕竟，我们可以用我们能够想象出来的各种通用技能来描述一切社交活动。

比方说，假如我正在做饭，我可以用计划菜单、准备案板、切菜、调制酱料、开烤箱甚至于拿刀（如果我愿意的话）来描述这个过程。我能想出来多少可被套用来描述不同技能的说辞只取决于我做饭时所能描述出来的技能的数量。然而，即便我想出来了更多这种套于不同技能的描述，也不意味着我在做饭时实实在在展现出来的技能会有所增加。在这个过程中，我所展现出来的唯一技能不过是我能想出新的描述方法的能力。这种思维模式的疯狂之处在于，一个厨师做出来的饭菜好不好吃甚至厨师到底能不能做出来一顿饭都毫不重要，只要他能想出来的用于描述做饭技能的方式最多，那么他就是最资深的厨师。实际上，我们很容易能想到一些关于烹饪失败的英勇描述，而这些描述则让我们有更多的机会来添加不同的技能描述，比如刮掉面包烤焦了的地方、擦洗烧焦了的锅等。

现在，我们不妨先把厨房放在一边，重新讨论一下通常被大学看作是其学生在现实世界所具备的能力的各种通用技能与毕业生属性。这些让毕业生具有雇佣价值的通用技能包括❹：

- 与他人有效合作能力
- 有效沟通能力
- 自觉意识
- 批判性思维
- 数据分析及使用科技能力
- 问题解决能力
- 加强主动性与进取心的能力
- 自我管理能力

● 社会义务与责任感

同样，我们完全可以想象出一个社会过程，在这个社会过程中毕业生做的事可以用上述九种通用技能来描述。例如，在为一户人一周所需的食物列购物清单这一过程中，我们不费吹灰之力就能用这些技能对其进行描述，正如表 2-1 所示。

表 2-1 一户人一周所需的食物列购物清单

通用技能	为一户人一周所需的食物列购物清单所需技能清单
与他人有效合作能力	我问过我的室友 / 家人需要什么食物了吗？
有效沟通能力	我告诉我的室友我要去买食物让他们别买到相同的东西了吗？购物清单的清晰程度可以让别人看得明白吗？
自觉意识	我真的知道接下来几天我可能会想吃什么食物吗？我知道买多少食物我带回家的时候才不麻烦吗？
批判性思维	我有认真考虑过我想买的食物是如何生产的吗？我有考虑过我往购物清单上写的食物有多少是因为受到了市场营销的影响吗？
数据分析及使用科技能力	我检查过现有的食物以免买重复了吗？我用笔、纸或是电子设备成功列了清单吗？
问题解决能力	我根据下次大概的购物日期考虑了家中有几人，需要多少食物了吗？我估算了我是否有足够的钱来买这么多食物了吗？
加强主动性与进取心的能力	我考虑过是否有商店正在做活动，使我买的食物能便宜点吗？
自我管理能力	我这份清单列得及时吗？我有给自己留足时间买齐清单上的食物吗？
社会义务与责任感	我有考虑过我要买的食物对于环境的影响吗？我是否要优先购买公平贸易的食物？

但就算我们列出了这样一份技能清单，也不意味着任何在列要购买的食物清单时能成功完成这一系列任务的人就一定展现出了这九种通用技能。我举的做饭和列购物清单的例子说明了通用技能用语的问题：即便能用具体的通用技能来描述具体的行为，也并不代表在这些具体行为中体现了这些具体的通用技能。误把某种行为的通用性描述当作了通用技能的展现，是犯了范畴上的错误。

对于我所举的例子有一个明显的反对理由，那就是这两个例子故意把我们带离了与本科学位相关的各种活动。反对者可以说是选择了这些庸俗的例子才让技能相关的用语失效，而不是把培养通用技能当作本科教育首要目的的观点有什么深层次的问题。为了反驳这种可能存在的反对意见，让我们在高等教育背景下来分析下其中两种技能：沟通技能与解决问题的技能。在沟通技能方面，我们可以根据学生在不同情况下、不同时间、不同地点的沟通能力来描述他们的行为。然而，这并不意味着如果一个学生擅长用英语交流，那么他们也会擅长用中文交流，因为如果不与交流行为所涉及的语言和文化知识结合起来，沟通技巧就只是空洞的。

通用技能的辩护者有可能又会反对说这只不过是沟通行为的一个特点罢了，这个例子仍然不具有普遍性。然而，解决问题的技能也有相同的问题。一个学生能够解决化学问题并不意味着他能解决社会学问题。这是因为熟练沟通或者解决问题需要掌握行为主题的相关知识、学生所处环境的相关知识、学生行为对象的相关知识。如果没有这些相关知识，那么这些通用技能不过是对学生行为的空洞描述。这突出表明，学生所接触的知识以及他们对这些知识的理解是理解学生大学经历的教育性的核心。

除了过度简化并扭曲高等教育的目的外，通用技能的迷思还有两个问题。首先，如果高等教育的目的是加强学生的通用技能，那无论怎么想，大学也不是从事这项任务的最佳机构。问题在于，许多大学的历史或是大学进行的广泛活动都与培养通用技能无关。而同时，有许多大学之外的教育机构有着同雇佣者合作来培养工作人员的悠长历史❺。其次，现有的证据表明高等教育在加强学生通用技能方面的效率并不是很高。有关学生在攻读本科学位期间通用技能变化的研究常常发现他们的通用技能只是略有提升甚至完全没有提升❻。所以，即便我们认可培养通用技能是高等教育的目的，我们也完全不清楚社会是否应该把这项任务交给大学。

这些迷思带来的混乱

前文已经论述了认为高等教育的目的是培养有雇佣价值的大学毕业生的观点

是以两大迷思为基础的，即毕业生溢价的迷思和通用技能的迷思。前文对毕业生溢价是否应该算作为一种成功提出了质疑，也对通用技能能否对学生在高等教育中获得的收获提供有效描述提出了质疑。前文还论述了如果培养有雇佣价值的工人是高等教育的主要目的，那我们也完全不清楚是否该让大学来承担这项任务。然而，这种对高等教育目的的思维方式带来的危害比这更加深远，它最终动摇了对高等教育的承诺。

有证据证明大学毕业生并没有因为接受了高等教育就提升了自己的职场技能，而我们可以从人们对这些证据的回应中窥得此结果发生的原因。一种极为有害的回应是认为本科学位的主要作用是给雇佣者"标示"出大学毕业生值得雇佣❼。这种"标示"的观点认为学生在攻读本科学位期间所经历的教育过程中没有任何内在的东西。相反，若是学生能够获得进入精英院校所需要的各种证书与个人品质，并且能在三四年的时间内完成他们的学位，那么他们就展现出了雇佣者所看重的个人素养。注意，上述观点并不是说上大学改变了学生，而是说，获得了大学的录取通知书并完成了学位，学生就展现了他们是什么样的人，而这样的人正是雇佣者需要的。尽管这种观点里关于阶级势利的表达已是十分强烈的，但我们还是先再坚持着，来看看支撑这种观点的思考有多么触目惊心。按这种观点来看，随着越来越多的人上大学，上大学不过是在花钱打水漂，因为大规模的高等教育事实上并没有让学生有任何改变。它不过是让原来由非大学毕业生从事的工作变成了由大学毕业生来做了，而工作质量或是工作的生产力却没有任何提升。

这种对于本科教育目的的观点最终会动摇人们对本科学位教育性作用的承诺。因为这种观点认为学生在高等教育中接触的知识没有特殊之处，让学生理解这些知识的教育过程也就毫不重要，这就意味着人们从互联网获得知识和从大学获得知识一样简单。而人们宁愿用互联网来娱乐而不是进行自我教育这一现象也被看作是他们仅仅是对获得这些知识不感兴趣的证据❽。按照这种观点来看，要理解知识并不需要任何教育。我们不需要一个为如何能让学生理解知识而绞尽脑汁的教师。相反，如果人们对知识感兴趣，那么他们就会学，如果不感兴趣那就不学。而只要是学习失败就都可以归结为个人缺乏聪明才智或是不想努力学习。同样值得注意的是，按照这种"标示"观点来看，大学提供的教育质量根本就不值一提。只要能给雇用者提供正确的标示，那么你所攻读的学位是精心设计的还是杂乱无章的就都不重要了。这种对于教育贫瘠的思维方式甚至可能妖魔化教育机构，因为它们阻碍了学习的"自然"过程❾。

所以，从大学毕业生雇用价值的角度来看高等教育的目的让我们陷入了一片混乱。其暗示学生从大学学到的东西没有他们上的院校的名气重要，这最终表明从教育方面来看，学生接受高等教育并不重要。还有一点值得说明的是，如果我们依靠在劳动市场的成就来评估高等教育的质量，我们最终会壮大院校的名气，我在第四章中还会对此进行深入讨论。通用技能与标示的观点简化了对教育过程的描述，从而扭曲了我们对于教育质量定义与评估方式的理解。两种观点都暗示我们应该按照大学毕业生在劳动市场取得的成果来评估教育质量。有力证据表明，学生在劳动市场的成就是由院校名气与学生背景构成的❿，而这两者都没能告诉我们有关教育质量的信息。就这样，对于学生在劳动市场成果的关注巩固了精英高等教育的主导地位，而又因为进入这些精英院校的机会根据学生背景不同而分层，高等教育再现社会和经济不平等方面的作用也就更加明显。

我们还能如何看待高等教育目的？

既然从让学生为就业做好准备的角度来看待高等教育的首要教育目的问题重重，那么，我们还能如何看待高等教育的教育目的呢？值得强调的是，此处关注的是本科高等教育的首要教育目的。所以本书并没有暗示高等教育不应该去考虑学生毕业后会做什么来"玷污"自己。本书的观点更多的是如果我们从就业角度来看待高等教育的首要目的，那么最终会动摇我们试图想要促进的那种教育。

在思考其他看待高等教育的方式时，到目前为止的分析中已经提出了许多想法。首先，任何观点都应该解释高等教育普遍的作用。其次，任何观点都应该解释学生通过高等教育参与的教育过程。

本书认为，大学帮助学生理解知识，从而改变了他们对自己的认知、对世界的认知以及对自我能力的认知，而我们正应该从这个角度来理解本科高等教育的目的，这种观点从把大学的总体目的看作是为社会寻求知识出发。正因如此，这种观点似乎不言自明，甚至毋庸赘述。然而，我在本章中尝试证明了当我们忘记了本科学位这一核心目的后会陷入的混乱。值得说明的是，支撑这一观点的对于知识的看法同可以从互联网上下载少量知识的看法差距很大，而后一种看法影响了我们先前分析过的观点。这种对于知识的看法是关于各种集体知识体系的，而不是关于孤立的、单独的，这些知识体系有着一种数千百年来经由不同的人所构成的结构，这种知识的不同方面从其在知识结构中所处的位置而获得意义，所以不能被看作是孤立的。这也就是说，学生从学习这种知识中收获的是看待世界及与世界互动的新方式，而不是又学到了关于某种具体现象的二十个有趣事实 **⓫**。这可以理解为学生通过学习这种知识得到了彻底改变，而不是在已经完全形成的身份上添加了额外的信息。要建立这种与知识的关系需要人们刻苦努力，保持谦逊。

除了对学生有要求，培养学生这种看待世界的方式外，还要求对教育过程进行精心设计，那些在知识体系上有所专长的人要思考如何让学生理解这些相互关联的知识体系才是最好的。这种设计过程不是以帮助一个普通学生或是理想中的学生来理解这种知识体系为基础的；这种设计过程应该帮助那些正在攻读着学位项目的真实的学生来理解这种知识体系。所以，除了要掌握学科知识，教师们还应该了解他们的学生是什么样的人，了解他们目前的知识水平。然后，他们应该把所了解的信息汇总到一起，设计学位项目，让学生最大可能的养成这种强有力地看待世界的方式。

这种关于本科高等教育目的的思维方式还有另一个重要的方面，那就是它需要教师们知道为什么他们给学生提供的知识十分重要，知道这些知识会如何改变学生，知道这些知识可以让学生做到哪些他们先前做不到的事。也就是说，他们需要对自己学生参与的教育过程有一个清晰的认识。这种关于教学的看法和现在的许多看法都不相同，而我们会在下一章中详细讨论关于教学的迷思。

最后，这种关于本科教育目的的思维方式要求大学作为一个机构提供空间，让教师们能够一起设计课程，让学生能够探索、参与这些课程并因这些知识而改变。这个机构既可以是线下的也可以是线上的，但是必须有一个机构将这些因素以一种有意义的方式聚合在一起。没有这样的机构，就没有一个地方可以维护、增强并与广大的社会分享这种学术和教育知识。

总结

在本章中，我试着挑战了关于高等教育目的的迷思。我论述了以学生毕业后能得到什么样的工作来论证本科高等教育的合理性会削弱合理的教育所具有的价值，而这正是我们要证明的。我提供了另一种看待高等教育目的的方式，在第二部分中我还会进一步对此进行讨论。然而在此之前，我要先讨论另外两组迷思。第一组迷思是我在第三章中会讨论的一系列关于教育过程的迷思，而第二组迷思是我在第四章中会讨论的一系列关于教育过程质量评估方法的迷思。

3

挑战关于大学教育关键因素的迷思

在上一章中，我讨论了关于高等教育目的的迷思，并论证了我们不应该关注本科学位的经济目的，而是应该关注其教育目的。在上一章接近尾声时，我提出了一种关于理解教育目的独特方式的观点，即关注学生是如何因为学习知识而得到改变的。在本章中我会讨论关于教育过程的主要迷思，它们会阻碍我们对学生在高等教育中学习学科知识和职业知识时涉及了哪些因素形成一个全面的理解。首先，我会讨论关于高等教育教学本质的迷思，之后再讨论关于高等教育学习本质的迷思。其次，我会提出另一种关于高等教育教育过程的思维方式，这种思维方式与我在前一章中提出的关于高等教育目的的思维方式是一致的。

关于大学教育关键因素的七种迷思

高等教育所涉及的教育过程对于参与其中的人来说十分复杂，难以解释，既充满挑战也很有价值。这就让教育过程成了创造各种迷思的温床，而由这些迷思所引出的看法则具有对大学教育的破坏性——这些迷思常常得到大学中教学与学习的呈现方式、评估方式及奖励方式的支撑。我将讨论其中七种迷思：启发式教师的迷思、天生优秀的教师的迷思、完美教学方式的迷思、以学生为中心的迷思、将对学生课业评定视为公开的评估方式的迷思、天赋异禀的学生的迷思以及保守性与工具性学生的迷思。这些迷思共同扭曲了我们对高质量教育过程中所涉及因素的理解，促使我们提出关于高质量大学教育本质的错误问题。

启发式教师的迷思

在对大学教师形象的普遍印象中，包括许多为大学教学设立的奖项，而优秀个体吸引学生学习、永远改变学生人生的设想被放在了核心位置❶。这实在是有害无益的，因为好的教学在很大程度上是一种集体活动。高等教育中任何学位项目的课程都依赖于集体知识体系，这些课程都是通过一群大学教师与自己的同事、学生、院校以及相关专业群体进行讨论设计出来的，而同一个学位项目中的不同方面则是由不同大学教师讲授的。学位项目中需要包含一系列能让学生自己学习知识的活动。虽然讲课引人入胜的教师是其中的一部分，但是他们仅仅是好的教学中的一个因素，需要小心地把他们与总体目标联系起来，与项目中的其他因素联系起来。这里要说明一点，确实有一些极为优秀的教师能启发学生，让学生感到自己得到了改变。我的观点是只凭这些教师自身是无法构成高质量大学教育的基础的。同时，这些教师的影响力也常常被人们高估。许多常见的关于启发式教师的例子对于同样从事教师工作的人对学科的理解造成的影响胜于他们对学生造成的影响❷。这种关于启发式教师的迷思和下一条迷思是紧密相关的，后者更聚焦于教师天生的优秀。

天生优秀的教师的迷思

这种关于教育应该聚焦于教师天生的优秀的迷思扭曲了我们对于什么才是成功的大学教师的理解。这种迷思把教师分成了两种：上一种迷思中提到的启发式教师和不能启迪人心、乏味无趣的教师❸。这种看法在本质上认为你要么生来就是做教师的料，要么就不是，而其在两个方面均具有误导性。首先，所有教师都有过可以说是灾难性的教学经历，重要的是通过反思以及和其他人讨论哪里出了问题来从这些经历里面吸取教训。其次，这种迷思暗示了只有一种教学方式，然而学习如何教学的一个关键因素就是找到适合自己的方法。这些错误观念又被"最佳范例"的幻想加深，因为这种幻想也暗示着只存在一种最佳的教学方式。学生能从各不相同的教学方式中获益，而不能从人为规定的标准化教学方式中有所收获。教学中最为困难的一个因素就是如何在教学中发出自己的声音，这能帮助学生理解你是如何与你想要教给学生的知识相联系的。对于不同的教师来说，这都是不同的，而这些不同合在一起就能给学生提供关于这种知识体系的多维度描述，让他们更容易以一种丰富而有意义的方式理解知识。

完美教学方式的迷思

在天生优秀的教师的迷思之外存在着完美教学方式的迷思。这种迷思背后的想法是，只要我们找到正确的教学方式，那我们在教育方面就再也没有担忧了。例如，许多教育学家花时间尝试谴责讲座的使用并提出应该使用其他的教学方式❹。这种观点存在着两大问题。首先，重要的不是单独的方法，而是方法如何融入学位项目的整体设计当中。也就是说，我们应该考虑我们想让讲座在学位项目中起到什么样的作用，讲座能否有效达成这些作用，而不是简单地把讲座看作"有益"或"有害"的❺。其次，讲座到底是什么？小型讲座和大型研讨会之间有什么区别呢？如果人们去研究教师们和学生们对于教学方式的理解，那么就会发现不同的人对于同一种教学方式的理解也会大相径庭。一些人会把规模很小的小组指导看作是想法的密切交流，小组成员和导师都能从中学到东西，而另一些人会把小组指导看作是信息从导师向学生的转移：也就是对一堂讲座的标准看法❻。这样一来，教师和学生会重新诠释教学方式以便使其与他们想要达成的目的相契合。不是方式决定了学生能够学到什么，而是教师们和学生们对于他们之间进行互动的目的的理解决定了学生能学到什么❼。

聚焦于教学方式的问题在于它阻碍了我们思考教学过程的目的。相反，我们倾向于遵循某套具体的教学方式，如果这套方式效果不佳，那就是因为这套教学方式没能得到正确的遵循。我们应该记住在教育创新漫长的历史上，教育创新常常在受到慷慨资助的试点项目中及创新者应用创新的原始群体中表现良好，但当把它们推广到更多的群体当中时，它们就容易失去有效性❽。人们常常将其归因于缺乏资金以及使用教育创新的方式不纯粹，认为后来的效仿者因为缺乏资源或是理解不足而没能严格遵循教育创新。然而，对于这种反复出现的失败有一种更正确的解释，那就是创新者和效仿者实际上承担的任务类型不同。创新方法的发明人是在尝试根据他们对于一个具体情形的理解来解决一个教育问题，而后来进行效仿的人是在尝试通过效仿某种方式来再现创新者的成功。不假思索地使用任何方式都不能带来好的教学与学习，因为好的教学基于对学生期望学习到的知识方面的清晰理解，基于对如何让学生能学到知识这一问题的丰富认识❾。

以学生为中心的迷思

一个传播十分广泛的教育迷思是认为教学中最重要的方面是以学生为中心。许多人认为，高等教育院校所面临的教育问题是源于关注教学而不关注学生学习。例如，许多人认为高等教育太过关注学生完成了多少个单元和多少个学分的学习，而不是关注他们到底学到了多少知识❿。这就导致了学生没学到多少知识就能完成自己的学位。对于这个问题人们提出的解决方式是，关注学生实际学到了什么。

要讨论这一迷思，需要先说明的是，这种对以学生为中心的教学的关注是对以教师为焦点的教学的重要纠正⓫。以教师为焦点的教学认为无论教师教了什么，学生都应该学习，而不尝试去理解学生对于教学的体验，或者不承认不同学生对于同一次教学会有着十分不同的体验。教育若要称得上是教育，那么每次教育都应该从学生当前的认知水平为起点。然而，虽然将焦点放在学生上是重要的纠正，但该观点本身并不能提供构建起教育的基础。教育同样应该关注学生能够学到的知识。这是因为教育的目的就是有意改变学生对于具体形式的知识的理解。所以，把学生纳入考量是一个关键因素，但是以学生为中心却不关注知识就是没有实质内容的过程了。如果教师对自己的学科没有丰富的认知能教授给学生，那就不知道他们还能给学生提供些什么了，而学生也就有理由质疑教师具有的专业知识的本质了。

关注以学生为中心的学习导致人们过于关注学习过程和个体学习者的体验，而没能理解知识、教师、学生三者之间的关系。如果我们不去关注三者的关系，那么我们就有可能只关注学习过程却对学习目的没有任何想法，这就让我们专注于学生的学习，但却不关注他们为什么而学。

这一迷思带来了三种后果 ⓬。第一，它暗示学生是否有学到东西的责任大部分在学生身上。人们可以认为以学生为中心的学习意味着，只要学生足够积极而教师并没有在学习过程中设置任何障碍，那么不论其他因素是怎样的，学生都能学得很好。这就让以学生为中心的学习有了一种近乎压迫性的特点：只要学习有任何失败那都是因为学生不是适合的学习者或者教师不是适合的教师 ⓭。第二，把教师看作是学习过程中的引导者，认为他们的主要工作是不要妨碍学生学习，那么就会削弱教师掌握的学科专业知识的重要性，并且让教师这一职业更加业余化。特别是这种观点丧失了对教师所掌握的如何让具体学生学到具体学术知识的相关知识的认知 ⓮。对这类知识的关注虽然可以有效地把教学理解为为学生设计一种环境，但是这个环境当中存在着一种教育目的。这种教育目的是关于设计让具体学生能够获得对具体学科知识或职业知识体系的认知方式 ⓯，包括创造一个学生能将自己的身份同他的学科 / 职业，同这个世界联系起来的环境，即创造一个让学生把自己看作是与知识相牵连的环境。第三，除了低估教学的专业知识外，对以学生为中心的关注同样把教育院校的重要性放在了幕后，这是因为这种观点把院校摆在了自然学习过程的对立面。这种观点并不认为教育院校为学生提供了一个精心设计的环境，好让学生能够与知识之间建立起强大的关系，相反，这种观点认为教育院校是一种独裁般的压迫，它们只会阻碍能够满足自身作为学习者的需要的学生的学习 ⓰。这就让教育家和院校陷入了一个陷阱，如果他们抵制朝着以学生为中心的学习进行改变，那么人们就会把这当作是他们不懂变通，扭曲"自然"学习过程的进一步证据❶。只要对以学生为中心的学习有任何抵制，那么人们就会把这种抵制看作是更加需要向以学生为中心进行改变的信号，而不会看作是一种对于教育过程遭受扭曲的原则性关心。

将对学生课业评定视为公开的评估方式的迷思

在考核学生课业这件事上有许多关于高等教育的误解。人们常常认为对学生课业的考核似乎让学生学到的东西有了一种公开的指标。但是，这是一种受到教师专业判断影响的一个过程，需要受到课程设计方式的影响❶。考核学生的方式向学生明确传达了对于他们的预期。一些人认为只要学生学得足够深入，那么就算他们不知道考核方式是什么，他们也应该能应对自如。否则，我们所做的一切都只是让学生准备好了考试，而他们并没有达到任何对知识真正的理解。有时候人们也把这种观点当作论据来说明应该设立与具体学位项目无关的全国性考试，从而让教学与学分两件事分离开来❶。但是学生总是会想他们应该用正在学习的知识来做什么——这也是他们达到对知识理解的方式中的一个因素。而只有当课程设计者选择了错误的考核方式，"应试教育"才会是个问题。如果课程设计者失去了对学生考核方式的掌控，那么应试教育就更有可能发生，因为课程设计者这时会专注于外部考试的需求而不是专注于设计评价学生对于知识理解的考核方式。如果考核方式要求学生展现出对于所学知识真正的理解，那么在上课的第一天就可以告诉学生考核方式是什么，让他们知道前进的方向是什么，什么能支撑他们到达终点。

现存于许多高等教育系统中的对于成绩通胀的道德恐慌是与这一迷思有关的一种因素❷。这种道德恐慌是担心现在在学位项目中得到好成绩的学生比例远比以前多得多，来源于对学生和大学教师签订了一种苛刻协议的担忧。在这份协议当中，只要学生没有面临多少挑战并且在单元学习和学位项目学习结束后能够得到一个不错的成绩，那么他们就会对教学作出正面的反馈❷。高等教育院校助长了这一令人惊诧的局面，因为如果学生在他们的学位项目中的表现优异，那么他们在大学排名中的表现也会更好。这就让学生得到了标准更低的学位，而大学则可以宣传自己完成了教育奇迹。这就是当前高等教育局面的特点，我们需要即刻采取行动终止这种局面，解决可能存在的大学教师与大学的欺骗行为。

要回应这种迷思，首先需说明多个高等教育系统中存在着成绩通胀这一现象的有力证据 ㉒。有人对这种恐慌感予以回应，声称学生成绩的提升证明了教育质量随着时间得到了提升，是一件值得庆祝的事。但这对于当前的局面没有丝毫帮助，因为在某些高等教育系统当中，所有地方的成绩都出现了上涨，所以这并不像是因为教育质量提升而上涨的。但在我们宣称这是一件教育丑闻之前，我们需要明白导致成绩通胀的原因是什么。

对于成绩通胀的现象有许多可信的解释。首先，学生在学位项目中的表现对学生和高等教育院校无疑都变得更为重要了。在以往，劳动人口中拥有学位的人数比例比现在更低，那时候的大学毕业生只要有学位就能找到工作。而现在，学位的成功变得越来越重要。同样，大学也越来越需要为学生在学位项目中的表现负责。两者合在一起就意味着学生有更大的压力要去好好表现，而院校也有更多的理由去认真思考它们是否对学生的教育成果有一个全面的认知。这就会导致院校给学生打的分数略有上涨，但这并不是欺骗行为。一种相关的趋势是，学位项目对于什么程度的表现能得到好成绩说得明白得多了，这在教育方面有着充足的理由，这能让学生知道院校会以什么为基础来考核他们的表现以及什么样的表现是优质的。然而，这样把事情说明白也让学生更有可能表现优异。若是把考核标准保密起来，那表现优异的学生很明显就会减少，而对教育环境最为熟悉的学生就最容易达成院校对于他们的预期。但是，以保密的标准来考核学生并没有让对学生能力及对知识理解的评估方式变得更加纯粹，并且，因为最熟悉教育环境的人也有可能是最有特权的，这就在很大程度上会加深了社会不平等。

成绩通胀的问题在于太多的政治家、雇用者、家长和学生期望教育考核能够对一个人进行精细地评估，而不是对学生在具体任务上的表现进行限制更大的考核。这表明道德恐慌源于对考核力量的不合理预期，人们把考核看作是一种高精度的测量工具，而实际上它不过是一种相对粗糙的工具。

针对成绩通胀的一种替代办法值得我们考虑，即限制可以拿到每种成绩等级的学生比例，这也叫作"曲线分级" **㉓**。虽然这种方法可以通过引用大量令人印象深刻的数据来做到令人惊讶的精确度，但是就教育而言，这是毫无意义的。因为只有当我们假定在任何一个班级里不管学生有怎样的教育经历，都有同样比例的人表现优异、普通或是糟糕时，这种做法才有道理。这种做法基本等同于认为教育毫无效果。

由此可知，成绩通胀的解决办法是学位项目的考核评价要更为明确。它们需要确保设计出严格的考核方式来考察学生对知识的理解并确保它们的考核评价方式统一有效。而依靠学位项目的成功来挑选雇员的人需要认识到学校的考核中会存在错误或者唐突的评价，不要期待学校的考核能对整个人作出全面的考察。值得注意的是，目前大学制作华丽的毕业生应有能力清单的趋势，完全朝着与本文所主张方向截然相反的方向推进，这种伪装成谨慎考核评价的营销活动很可能会进一步加剧公众对成绩通胀的担忧。

天赋异禀的学生的迷思

就像有着认为教学应该由天生优秀的教师来从事的迷思一样，也有着认为大学教育的重点应该是培养天赋异禀的学生的迷思 **㉔**。这种迷思认为，除天赋异禀的学生外，其他人愿意的话也可以试一试参与到学习中，但是他们学习得好还是坏完全应该由他们自己负责。同样，这里也需要说明的是，世界上的确有一些优秀的学生。然而，这种思维方式还是存在着三个关键问题。第一，认为教育应该围绕着一小撮学生来设计的想法表明高等教育并不是用于教育学生的，而是用来肯定入学学生的才华的。而本书的观点则恰恰相反，我们不应该围绕特别优秀的人才来设计教育系统，而是应该将重点放在帮助全体学生上。第二，这种观点认为应该培养已经很优秀的学生，而这种观点所导致的行为常常与特权相关，这是存在问题的。在许多国家中，因为教育从学生童年的早期就已经开始了，所以那些有机会在上大学前接收到最优质教育资源的学生也最有可能成长为优秀的学生 ㉕。这就意味着我们最终把在教育方面作出的努力给了那些已经从以往教育经历中受益最多的学生。第三，这种观点是基于学生的潜力是固定的想法的，认为学生要么有能力，要么就没有。这种观点在某些教育系统中越发占据主导地位，这些教育系统在儿童还十分小的时候，就会反复评估儿童的教育表现，他们显然认为这样可以确保教师能够严肃对待自己的工作，也能让人们提前知晓这些孩童在未来的人生中可能过得怎样。这可谓是一派胡言，人们是在生命中的不同阶段以不同速度成长的。这种观点同样忽略了教育的意义，这种观点认为学业表现是一个人成长为一个完全的人的过程中唯一重要的事。

关于天赋异禀的学生的迷思对被此观念所认定的优异者和失败者都是有害的。表现优异的人往往会因此低估那些表现没那么好的人的能力，并且会高估自己的能力。人们会因此告诉学生在学业上表现优异是通往成功的关键，而一些在学业上表现优异的人可能会在余生中常感到壮志未酬，并且他们就会疑惑为什么会发生这样的情况。但是，对于那些在生命早期就面临挑战，被认定为学业上失败的人来说，这种观点的危害更加巨大。教育的意义在于给所有有潜力的学生机会，支持他们去学习。当然，这只有学生自己付出了努力才能够实现，但是把教育系统中最好的资源给"优秀"的学生不过是创建了一个系统，让已经拥有了特权的人进一步受益。只要人们建立起了精英教育，并对其表示颂扬，那么在获得接受精英教育的机会时就会产生剧烈的竞争。而那些家庭拥有最多资源的人则更有可能在这些精英系统中获得成功就也丝毫不让人意外了，但是我们不能把这样的成功当作是这些人远比那些因为资源更少而没能成功的人有天赋的标志，这只会加剧不公平的现象。

保守性与工具性学生的迷思

一种观点认为现在的学生和以往的学生不再相同了，这种迷思跟成绩通胀所引发的道德恐慌一样，都是建立在一个有问题的叙事之上的。持这种观点的人们认为，如今的学生不再希望因为上大学而面临挑战㉖，他们想要人们把知识给他们喂到嘴边，对他们宠溺娇惯。持这种观点的人们认为应该给这些学生敲响警钟，让他们知道大学和中小学不一样，学生们不应该期待他们所上的课程是精心计划过的，也不应期待课程教师能考虑到他们现有的知识情况。相反，学生应该为自己的学习负责，为自己的学术探索负责，更不要再抱怨要为学习付出多少。

值得注意的是，无论这些观点在初看时多么有说服力，它们都并不是什么新说法，每一代人都会被上一代人描绘成具有无可救药的工具性。这种扮成激进主义黄金时代的保守主义拥护者认为过去总是比它实际上的样子更加美好，而现在总是距离地狱仅有一小步之遥。

更让人担忧的是，这其中也有着多种错误的二分法在起作用，想要用显而易见的陈述来为极为可疑的说法提供无法反驳的证据。例如，只因学生不仅仅是高等教育的消费者，并不意味着不能从学生是高等教育消费者的角度来理解学生的某些大学经历。政府、学生和学生家庭为高等教育投入了大笔资金，为什么他们不应该有渠道了解课程质量的信息呢？显然，哪种信息形式最有意义还是有争论的，但是认为任何想了解大学课程质量的人都仅仅把高等教育当作是奢侈品市场的最新参与者的想法是非常奇怪的。第二个例子是，虽然学生有学习自己学位的学科知识的责任，并应在课程外继续学习，但这并没有表明大学教师没有让学生获取这些知识的责任。相反，大学教师负责任的一个关键因素就是设计课程与学习体验，从而让学生有最好的机会对学科知识进行有效的学习。这是一项十分费脑力的工作，大学教师需要依靠他们对自己的学科的理解，依靠他们对自己学生的理解才能找到开辟通往理解知识之路的方法。并且，让任何有兴趣的人都能够接触他们的学科和研究领域也是大学教师作为公众知识分子的一种责任，而这样做也能体现高等教育在社会中扮演着如此重要的角色的原因。

显然，就此而论，没有人能强迫学生或者是其他任何人学习。学生需要周密地、坦诚地学习他们在课程中遇到的想法和概念。然而，并没有证据表明相比以往的学生，现在的学生更不愿意这样做。事实上，有充分的证据表明学生知道他们需要积极参与到自己的教育经历中[27]。各种高等教育院校中的学生都想要通过学习得到挑战并期望努力学习。事实上，他们所学的内容往往是困难的，而这才构成了参与高等教育的主要好处：被他们正在学的知识所改变，从而改变他们对自己和世界的认知。

总的来说，这七种迷思是产生对于大学教育关键因素的扭曲看法的基础，它们从个别教师的优秀、个别教学方式在辅助学生学习过程方面的效率，即便学生天生具有被动性和保守性也应在学习过程中以高度精确的方式考核他们等几个角度来呈现大学教育的关键因素。值得说明的是，虽然这些观点里的某些因素在教育上是十分重要的，例如对学生学习过程的关注，但在整体上，这些因素并没有为大学教育基础的教育过程提供一个足够丰富的描述。我们需要基于更完整的整体教育意图来看待这些教育过程。

我们还能如何看待大学教育的关键因素

如上一章所述，看待高等教育中教育过程的另一种方式是聚焦于设计课程，为学生提供机会学习可以改变他们对自我与自我能力认知的知识。想要做到这一点，大学教师应该对自己的学生有清晰的认知，对自己教给学生的知识可以如何让他们变得强大有清晰的认知，对这些知识能让学生在往后的事业中以及生活的其他方面里成为什么样的人有清晰的认知。显然，学生有可能会朝着他们的大学教师没有预料到的方向发生变化，但是教师还是应该清楚教师自己想通过教授学生知识达到什么结果。换言之，教师作为教育工作者有责任知晓学生和自己一起学习能有哪些收获。值得说明的是，这绝非易事——它不会总是应验，而教师们应该不断收集、分析、讨论、反思关于他们课程设计方法和教学方法效果如何的证据[28]。

如果我们从这个角度来理解本科学位的教育作用，那么这就会对我们评估学位质量的方式产生影响。我们不应该关注毕业生在劳动市场获得的成功，而应该关注学位项目是如何为了让学生能够学到强大的知识而设计的，关注学位项目在给学生提供知识这件事上有多成功，关注学生在学习这些知识当中取得了多少收获。值得注意的是，比起评估劳动市场的成功，这对学位项目和大学的要求更高，这也能给学生提供更多关于不同学位项目教育质量的有用信息。

这种理解高等教育教育过程的方式以六项原则为基础，这六项原则浓缩了全世界数年来提出的多组原则。这些多组原则的显著之处在于，虽然它们包含的原则数量不一，具体重点不同，但是支撑它们的核心教育观点逾三十年来都保持不变 ❷。这表明这些原则发现了高等教育中的教育过程所具有的一些基础性内涵。这里使用六项原则旨在关注这些不同原则中的核心教育观点。它们认为优质的大学教育应该：

①从对学生的认知出发。

②以对所教授知识及如何让学生学到这些知识的深入理解为基础。

③要设计为一套连贯的经验，让特定的学生能够对特定的知识体系形成理解。

④以对学生通过参与这些经历能产生什么样的变化有清晰的认识为基础。

⑤通过学生对于知识体系的理解来评估他们的学习。

⑥是集体成果。

我将在第五章中详细讨论这些原则。现在，让我对这些原则是如何成为高质量大学教育教育过程特征做一个简单的概览。第一项原则是教育过程要从对学生的认知出发。正如前文所述，虽然学生不应该是教育过程的唯一重点，但是任何教育过程想要起到教育效果就需要以学生现在的认知水平为起点。否则，学生最终会因为缺乏对知识的理解而遭受指责，即便这是教育设计不佳所造成的结果。十分重要的一点是，若是我们想要鼓励更多的人以有意义的方式参与到教育当中，那么我永远都不应该鄙视、取笑那些想要学习某种知识，但是现在还一窍不通的人。这种行为是十分势利的。教育过程的一个关键部分是了解学生的起点与我们想要学生到达的终点，然后设计一个我们认为能让学生刚好达到此教育过程"终点"的教育经历❸。

第二项原则强调设计教育经历需要对知识及不同的学生如何能了解知识的重要性与意义有丰富的、立体的理解。第三项原则表明这种设计过程所产出的应该是一系列能帮助学生达成某种理解的一致经历而构建起的学位项目。第四项原则的重点在于当学生在攻读学位时，那些承担教学工作的人应该对他们想要学生通过学习学位项目中的课程能产生什么样的变化有清晰的认识，应该对学位项目中不同因素会怎样对学生理解的发展产生影响有清晰的认识。第五项原则是应该以考察学生如何与他们在学位课程中获得的知识体系建立有意义的关系的方式来考核学生。考核方式不但要对学生提出要求，也要在考核内容上保证公平。

最后一项原则强调了任何教学形式都是集体性的。即便一名教师全靠自己工作，他给学生提供的知识体系也是集体性的，是许多人在多年中构建起来的。这些知识体系也是学位项目的一部分，而这些学位项目则是由许多不同的人教授的，这是为了给学生带来一种一致的教育经历。学位项目的不同部分需要相互联系，并清楚地了解它们是如何作为一个整体发挥效果的。

总结

本章中，我讨论了关于高等教育中教育过程的七种迷思。以挑战这些迷思为基础，我概述了高等教育高质量教育过程应该符合的六项原则。在第六章中，我会讨论符合这些原则的教育过程应该是什么样的。然而，对于高质量教育过程的看法让我们对如何评估教育过程的质量产生了质疑。在思考如何评估教育质量方面，同样存在着多种迷思，需要我们去解决。在下一章中，我会讨论这最后一组迷思。

4

挑战关于评估大学教育质量的迷思

在上一章中，我讨论了关于大学提供的教育关键因素的迷思。然而，仍然有许多迷思与如何评估以及理解大学教育质量有关，这也是我在本章中讨论的重点。我将探讨当前评估教育质量的方式是如何扭曲了我们对于高质量大学教育的理解的。本章的第一部分首先探讨了主导关于教育质量讨论的三组评估方式的迷思。本章第二部分以此为基础，概述了所有大学教育质量评估都需要具有的七种特点。

首先值得思考的是，为什么对教育质量的评估如此重要，以至于要单独用一章进行讨论。在全世界的范围内，越来越多的人在讨论学生是如何选择他们将要攻读的学位课程的，讨论雇用者是如何根据学生攻读的学位课程进行挑选的❶。这表明形成对于不同学位项目质量的丰富认识至关重要。然而，我在本书第二章和第三章中已经论述了，有太多关于教育质量的观点都是以高等教育院校的名气为基础的，而不是以他们提供的学位项目的真实质量为基础的。这就会进一步加深不平等。这是因为若以此为教育质量的评估基础，那么越有名气的院校所录取的学生中有特权的学生比例就会越高❷，而已经享有特权的学生则会因为他们的学位看起来比其他学生的更有价值而享有更多的特权。这种学位差距的表象对于学生、大学教师、院校、雇佣者以及广大社会来说都具有诱惑性。然而，若是我们要让自己对教育质量的认识更加公正，那么设立更加公平的方式来评估教育质量就十分重要了。正因如此，本章的表述重点是教育质量的评估。

关于评估的迷思

在本章的第一部分中，我将探讨三组关于评估大学教育质量的迷思。人们最常通过大学排名来看待学位课程质量。我将首先讨论大学排名的基础是一系列的迷思，这些迷思扭曲了我们对于教育质量的理解。然后，我将讨论两个关于评估过程的基础性迷思，它们同样扭曲了我们对于有效的教育评估方式的理解，于我们无益。这两个迷思是：关于大数据的迷思和关于良方妙计的迷思。

关于商业排名的迷思

乍看之下，专门用一章来讨论教育质量的评估似乎有些放纵任性。我们难道不能从现在多如牛毛的大学排名中得到所需要的一切信息吗？去质疑这些独立的、公开的、严格的学位项目质量评估方式难道不单纯是在学术上挑刺儿吗？值得说明的是，对于许多人来说，商业大学排名似乎提供了一种广受信赖、简单易懂的大学质量评估方式。这些排名可以用于多个背景之下，面向不同的受众。这些排名对于大学、学生、政策制定者和雇用者来说都一看就懂，他们觉得自己知道全国排名前十的大学或者全球排名前一百的大学意味着什么。全世界的大学都把这些排名作为鼓励潜在学生加入它们的一种方式，作为评估院校成功程度和员工表现的一种方式。它们在自己的官网上，在学校建筑的窗户上张贴醒目的标语，宣扬自己在这些排名中的表现。若院校觉得这些排名是一派胡言的，那它们当然就不会这样干了。同样，大学中也都是训练到位的大学教师，他们能够剖析错误的论断，任何有瑕疵的排名都躲不过他们具有批判性的锐利眼神。鉴于上述种种，这些排名怎么能不是有效的评估方式呢？

十分不幸的是，大学在大学排名方面陷入了"双重思想"❸：它们知道这些排名是"一派胡言"，但是依然选择去"庆祝"自己在这些排名上的成功，就好像这些排名所言不虚。院校的核心作用是为社会对知识负责，而它们竟借用它们并不相信的商业排名对自己和他人进行可能产生欺骗性质的行为，声称它们在商业排名中的表现有效反映了自己的教育质量，这实在让人不寒而栗。大学排名所造成的绝大部分危害都归因于大学，因为大学把排名纳入了自己的营销当中，也纳入了自己对员工和院校表现的考核当中，而没有大学领导者对排名的方式不断进行批判。失败主义者的态度是，大学排名已经十分流行了，不会就此消失，因此大学领导者能够做的也就只有强调一下他们表现优异的排名表，忽视掉那些他们表现糟糕的排名表。而这一行为后果的承担者则是那些被要求将追逐这些基本上毫无意义的排名表作为工作中心的大学员工和那些被误导认为这些排名表对了解教育质量有用的潜在学生。这些排名表一点用都没有。

要解释大学商业排名存在的问题，首先要处理的就是它们作为公开评估教育质量方式的表象❹。值得说明的是，这些排名的首要目的不是去评估教育质量，而是去兜售商品❺。例如，商业排名让排名机构可以向他们声称要去评估的大学销售广告。许多大学都会去支付这样的广告费，以期提高自己的排名，从而提升自己的形象。排名机构同样可以筹办收费昂贵的会议来发表他们的结果，组织关于排名意义的讨论，为希望提高自己排名的大学提供咨询服务。一些从事商业排名的排名机构会利用手上的数据做出许多不同的排名，这样一来他们就可以进一步增加营收的机会。更多的排名也就带来了更多的广告，更多的发布会，更多的咨询机会，更多的收入。大学为了提高自己在这些毫无意义的评估标准中的排名而支付越来越多的钱，从而增加入学率，提高收入。最后，是由学生自己付的或是由政府付的学费填上了这个泡沫。

所以，这就是为什么排名者如此热衷于这些排名，但是又是为什么说它们是毫无意义的评估方式呢？首先，大学排名往往会纳入多项毫无关系或者无法相互比较的评估标准，然后综合得出一个单一的分数。正是这种无可比性让最后得出的分数在本质上毫无意义。排名机构又基于这些毫无意义的分数之间的差异给大学排出了名次，而后又可以通过让得分相似的院校在名次上相去甚远来放大原本十分微小的得分差异❻。

第二，大学排名往往采用有利于地位更高的院校的评估方式。这样做的原因显而易见。大多数大学排名的受众已经对哪些大学在他们看来是高质量的有了强烈的看法。如果大学排名不把"人尽皆知"的最好的大学放在首位，那这个排名就会被认为是有问题的。这也就意味着给大学排名的排名者需要通过把社会上名气最大的大学放在排名最靠前的位置，从而小心地确保自己的排名具有可信度❼。尽管排名者可能可以让一些名气不太大的大学排名很高，或者让一些名气大的大学排名低，这样做甚至会给人更加严谨的印象，但是过多这类的出人意料的地方会削弱排名的可信度。

在把大学排名当作教育质量评估方式来思考时，去思考这些排名中被用于得出质量判断的因素是值得的。大学排名常常没有多少指标，甚至并没有指标是和大学教学质量直接相关的。他们用作指标的评估标准，例如员工学生比、入学条件、博士生数量及声誉调查，并不能告诉我们任何关于大学提供的教育质量的信息，而是告诉我们一所院校名气的高低和资源的多寡❽。声誉调查就是展现了这些评估标准所存在问题的一个很好的例子，其常常被称赞提供了重要数据。声誉调查会严格挑选一组大学教师和毕业生雇佣者，询问他们在深思熟虑之后认为在具体学科或职业领域当中哪些院校是顶尖院校。从表面上来看，这确实很了不起。除了那些就在院校工作和从院校招聘毕业生的人，还有谁更有资格对不同院校的质量发表评论呢？然而，声誉调查的实际作用远不是它最初表现出来的那样。本质上，这只是要求大学教师和毕业生雇佣者列出他们认为在具体领域最好的院校。但是并没有要求他们给出任何证据，或者说明他们想法的依据。所以大学教师和毕业生的雇佣者给出判断的依据是什么我们并不清楚。最有可能的依据就是院校的名气，而这也仅仅能让大学排名更加取决于名气高低。大多数大学教师和毕业生的雇佣者都对不同院校提供的学位项目的质量没有什么深入见解，除非他们曾与这些院校直接在一起工作过，所以认为在思考学位项目质量时大学教师和毕业生雇佣者对院校的意见值得聆听的看法实在让人费解。当然，声誉调查的存在进一步激励了大学花更多的钱做广告，从而让那些填写调查的人知道自己的存在，以期使受调查者在列学校的时候能想起它们的名字。许多大学鼓励自己的员工在声誉调查进行时向世界各地的同事发送电子邮件，以让他们知道该院校的存在。这是希望他们能记住该院校名字的时间足够长，以便在完成调查时将其添加到优秀院校的列表当中。

所有这些过程导致了一个结果，那就是大多数大学排名都相对稳定，把名气最大的院校成团放在排名顶部。这些地位更高的院校招到的学生中往往是具有特权的学生比例会大得多❾。这意味着排名往往会加大特权，因为虽然它们没有包含多少甚至完全没有关于大学教育质量的有效数据，但是它们强烈暗示着上这些大学的学生比其他大学学生接受了更高质量的教育。

关于大数据的迷思

虽然大学排名的流行是以一系列迷思和误解为基础的，但是还存在着其他影响我们看待教育质量评估方式的迷思。关于大数据的迷思认为，如果我们增加学生高等教育经历过程中的测量点并把它们结合起来，那么就能改进评估方式❿。这种迷思同支撑大学排名的迷思有着一些共同点，这种观点主要是说只要我们有足够的数据点，那我们就完全能够理解那些创建高质量教育互动所需的因素。这种关于评估方式的思维方式最初是在线上环境中发展起来的，因为通过学习分析可以追踪学生教育历程中的多个方面：学生登录的频率、登录时间、与谁互动以及发言频率。这些方面可以被跟踪并同他们在模块中的学术表现相关联⓫。

这种思维方式的问题在于，它误解了这些数据能告诉我们的信息。这种误解有两个方面。首先，它没有考虑这些评估标准是如何脱离教育背景的。虽然教育背景的许多方面都可以被研究，但是需要把它们转换成数字才能成为大数据的一部分。而在转换成数字的过程中,人们往往会假设这些评估标准可以结合到一起,相互关联起来,而不会有什么问题❶。就这样,原本相互之间没有关系的评估标准就结合到了一起,共同给大学教育质量得出了一个总体评分。这个总分看起来是高度精确的,实际上却没有任何现实的意义。

大数据的第二个问题是它让我们关注现有的数据而不是关于教育质量评估标准实际重要的数据。让我们回到在线上课程中使用学习分析的例子。学习分析可以让我们知道学生在线上留下了痕迹的行为,但不能让我们知道学生在思考什么、学生的思考通过线上互动的方式发生了怎样的变化。对于这些限制的解决办法就是采用诸如关于技能发展、能力、内容知识和个人成长的自我报告指标来得到对教育质量本质的精确理解。然而,这种处理方式将这些不同的评估标准视为评估教育过程质量的精确且独立的方式。实际上,它们的精度存在很大的误差。例如,技能包含什么?能力又包含什么?个人成长和获得新知识之间有什么区别?这些评估标准在许多方面存在重叠,因为它们是描述同一教育过程的不同方式,而不是教育经历的不同方面。如此高的重叠程度意味着无法把它们组合起来得出一个对于学生经历的精确描述,任何想要这样做的尝试注定会以失败告终❸。

总的来说,关于大数据的迷思认为,只要我们能有更多的数据源我们就能建立起更好的教育质量评估标准,但是这只是一种妄想。教育过程复杂、混乱的本质以及最重要的人类在受评估时的反应方式决定了我们不能像评估无意识的物质对象一样精确地去评估学生。这并不是因为社会科学中的评估方式落后于自然科学,而是因为评估对象的本质是不一样的,需要采用不同的方式才能得到关于他们性质的有效评估标准。

关于良方妙计的迷思

一旦认识到用大数据来评估教育质量的迷思是不切实际的,人们常见的应对方法是回到关于良方妙计的迷思。关于良方妙计的迷思认为无法将不同的评估标准进行有意义的结合。相反,这种迷思寻求一项总是与高质量成果相关联的单一评估标准，即便这个评估标准不能体现出质量的方方面面 **❹**。这种迷思的问题在于任何良方妙计都不能解决古德哈特定律（Goodhart's law）**❺**。古德哈特定律指的是，如果一种评估标准成了绩效指标，那这个评估标准就不再是好的标准了。换句话说，一旦院校知道了它们会被以哪种评估标准来考核，那么它们就会对实际行动做出改变，让自己在这项评估标准上的表现最大化。这也就意味着，虽然某一系数在以往确实是和总体质量相关联的，但是一旦把它作为事关重大的表现评估标准，那么它就失去了先前与质量的紧密联系。更让人担心的是，在院校追逐新的评估标准时对自己的行动做出的改变有可能会让大学教育的整体质量降低。

一种解决这个问题的办法是既关注评估过程的标准也关注评估结果的标准 **❻**。这是因为这些问题导致了这样一种情况："修复"系统最简单的方式就是实际参与到那些可以提高教学与学习质量的过程当中。这并不是说我们应该去除关于结果的评估标准，而是说这些关于结果的评估标准需要得到体现了这些结果实现方式的评估标准的支撑。

由于选择了错误的表现评估标准而产生的各种问题可以采用把课时作为教学质量评估标准的例子进行说明，课时指的是学生在课程中所接受的教学时长。许多人认为，课时显然是评估院校对教学的重视程度的指标 **❼**。想必有更长的教学时间就意味着课程有更高的质量了吧？然而，这取决于这些课时都被用来做什么了。实际上，用教学时长评估教学质量就像是根据小说页数来评估小说质量，如果真可以这样评估的话，那么 E·L.詹姆斯（E.L.James）写的《五十度灰》的质量就该是托妮·莫里森（Toni Morrison）写的《宠儿》的质量的两倍。这是两本完全不同的小说，比较它们几乎没有意义，但是将其置于同一种评估标准之下的行为模糊了它们之间的差异。而当我们根据课时数来比较不同学位项目时，相同的情况会再次上演。

虽然把教育质量类比于小说质量乍看是不着边际的，但是细致思考后会发现这具有启发性。建成一个高质量的学位项目需要设计一系列能让学生理解其所学知识的体验，就像写小说时需要设计能吸引读者、邀请读者找寻书中意义的故事一样。当然，课程课时要达到一定时长才能算作学位课程，就像故事要达到一定长度才能算作小说。但是，延长一个本来就设计优秀的学位项目的课时并不能提升其质量，就像给一本好的小说增加几页也不能让小说变得更好一样。

这两种所谓评估教育质量与小说质量的方式间还有一个惊人的相似处，即两者都极其容易受操纵。如果小说的质量是通过页数来评估的，那出版商无疑会选择缩小页面、加大字体、加长广告语和作者介绍。同样，如果教育质量是以课时数来评估的，那么大学就会重新定义课时的概念。骤然间大学教师的坐班时间也会被算作课时，即便这段时间内没有一个学生来找过教师。而举办的那些师生社交活动该如何定性呢？这些活动期间教师也一定会收到学生的一些非正式反馈。即便监管机构会尝试规定什么算一页或什么算一个课时，但是总是会有空间让人精巧地操纵每一种新定义。

所以，我们为什么常常把课时视为良好的质量评估标准呢？部分原因是这种方法贴合学生应该享有什么待遇的常识。然而，坚持大学申请者有权知晓具体的学位项目有多少课时是一回事，而认为课时数是评估学位项目质量的有效标准就又是另一回事了。

就像是大学排名和大数据一样，"良方妙计"能解决评估方式内存在的问题的假象只要一经详细分析就会消散。在下一节中，我会概述一些我们在尝试建立起有效评估教育质量的标准时遇到的更加深入的问题。

为什么糟糕的质量评估方式会造成严重后果

在本章开篇，我探讨了评估方式对于让我们避免陷入依靠院校名气而非具体学位项目的教育质量来评估学院教育质量的境地十分重要的原因。除了应该创立对公平的教育质量评估之外，评估系统还会带来许多意料之外情理之中的后果，只有建立起一个有力的质量评估系统才能解决这些后果[18]。

钻空子

就像我们在通过课时数来评估学位项目质量的例子中看到的一样，院校常常会寻找最简便的方法来改善自己在任何评估标准上的表现。一些人把这看作是大学的狡诈行径 [19]，但实际情况并不常常是这样。实际情况常常是，如果你在一所院校处于领导地位，那么你就有责任确保自己的院校在任何质量评估标准上的表现都要尽可能的好。院校的成果、院校员工工作的稳定性、院校学生学位的价值都会受到院校表现情况的影响。考虑到这些因素，院校要确保自己用上了一切可能的优势也就完全说得通了，特别是当院校领导者知道别的院校也会这样做的话。然而，虽然这说得通，但是这种做法也会因为院校钻空子而损害质量评估标准的有效性。如果一个评估质量的系统让院校有空子可钻，那么这则是这个评估系统的问题，而不是钻空子的院校缺乏道德的问题。我们不应该去指责钻空子的院校，而需要创建一个有力的质量评估标准，让院校无机可乘。

评估的成本

许多评估系统作为公开考核质量的标准所面临的另一个问题是其往往隐瞒评估的成本。这就产生了一个考核大学质量的更加普遍的挑战：存在追求更具体、更复杂指标的风险，导致评估过程过于复杂、昂贵、难以控制 [20]。虽然开出"公开" [21] 这一药方是想简化明晰评估过程，但是这也会导致人们不断呼吁使用更加精细的说明和更加复杂的评估标准。这是在试图将专业系统公开化时经常会遇到的一个问题，在追逐简单易懂的事实的路上，我们看到了评估标准与数据的激增 [22]。这是因为，在一个院校内可以开发出的全面、丰富的过程描述和用于比较不同院校教育过程的简化评估标准之间存在差异。期待质量评估系统能够提供这种全面、丰富的描述的原因是，误认为在一个院校内可能做到的事在一个系统内做比较时也可能做到。

这也正是我们在思考学生学位成果时会遇到的问题。在一个院校内部，学科专家可以对学生的课业进行多次考核从而得到学生的学位成果，可以将他们与同伴比较，也可以将他们与某一学位项目根据以往经验"预期"学生能达到的学习水平比较。然而，当我们在一个高等教育系统内来比较学位成果的时候，要让这些精细的信息有效用，所需的成本就会贵得让人望而却步，即便真拿到了这些信息，对于使用者来说这些信息也是过于难懂的，而试图让雇用者和社会更好地了解学位成果的内涵就会无法体现。正如上一章所述，这就是为什么应对关于成绩通胀的担忧应该采取的办法是解释这些成绩提供的意见，而不是假装可以进行精细精确的比较。

另一种评估大学教育质量方式的特点

要找出把教学和学习作为评估核心的评估方式，可以依靠讨论关于评估方式的主要迷思时发现的陷阱来设定标准，用另一种方法来满足这些标准。以此为基础，一个有效的评估方式应该具有下列特点❷：

①反映高等教育的目的。

②在具体的学位层次而非院校层次考核质量。

③评估院校提供的教育质量而不是声誉或名气。

④采用能从不同角度传达质量信息的多种评估标准。

⑤在整体上基于对教育过程一致的、以研究成果为基础的认识。

⑥改进教育行为才能提升在评估标准上的表现。

⑦对教育质量提供一个相对简单的比较。

反映高等教育的目的

有效的评估方式应具有的第一项原则是任何评估教育质量的标准都需要反映高等教育的目的。这背后的思考是，任何关于教育质量的说法只有在和影响其对质量判断的目的结合起来时才有意义。例如，一个螺丝刀用来拧螺丝可能具有很高的质量，但如果用来敲钉子，就没那么有质量了。这项原则会带来一系列的后果。第一，这意味着针对不同的高等教育目的我们应该有不同的质量评估标准。大学排名的部分吸引力源于它们似乎主张一种总体的质量概念，但是这种吸引力是具有误导性的，因为任何院校都会在某些领域具有优势而在其他领域没有优势。第二，如果我们要去评估教育过程的质量，那么我们就需要讨论教育过程的目的。对于本科学位这样一个重大的主题，我应该预料到对于本科学位的目的是什么这一问题的讨论会产生争议，因为以这种方式来确定目的并不是一项技术性工作，而是基于我们对于教育目的的基础理解的。正如第二章所述，大多时候人们都是以工具性的、经济的角度来看待高等教育目的，而不是以攻读学位的教育目的来看待的。在第二章和第三章中，我提出，要从高等教育带领学生与知识产生一种转变性关系上的作用来看待教育目的，而这种知识能改变学生对自我及自我能力认知的。在第六章中，我将概述评估高等教育中教育过程质量的一种方法，这一方法呼应了这种理解高等教育目的的方式。

在具体的学位层次而非院校层次考核质量

第二项原则是任何评估教育的标准都应该以学生会攻读的具体学位为重点而不是关注整个院校。有充足的证据表明同一个院校内不同学位项目的质量各不相同 [24]。这一点很重要，因为如果潜在的学生和雇用者想要用同一种质量评估标准来决定他们是否会攻读一个具体的学位或是招聘一个具体的毕业生，那么他们就需要了解相关的具体学位项目而不仅仅是整个院校的情况。

评估院校提供的教育质量而不是声誉或名气

第三项原则和第二项相关。这是因为我们在院校层次考虑质量的时候常常会误把声誉或名气当作质量。然而，如果我们把曾在某一个具体的学位项目学习的人员、在学位项目中执教的著名教师作为评估该学位教育质量的指标，那么在具体的学位项目层次中把声誉或名气当作质量的现象也会发生。需要明确的是，这些因素可以让学生稍微了解攻读这个学位项目能让自己有机会获得什么样的关系网，但是并不能让潜在的学生或是雇用者对学位项目的教育质量有丝毫了解。正如第三章所述，为了了解教育过程的质量我们需要了解学位项目是如何作为一个整体被设计的。在第七章中，我将讨论如何以一种能让人了解学位项目教育设计质量的方式，来评估本科学位质量。

采用能从不同角度传达质量信息的多种评估标准

第四项原则是，我们需要从不同的角度去了解学位项目的教育质量。我们需要了解攻读学位项目的学生对学位项目的评价是怎样的；我们需要了解学生在毕业后从事了什么工作（是了解所有的学生而不是个别有名的学生）。关键的是，如果要避免对质量成果的考核过程钻空子的情况发生，那么我们就需要对教育过程和教育过程的成果都设定考核标准。当质量考核标准只注重成果时，相关院校就很有可能钻空子。在教育过程中加入正确的考核标准，让我们了解教育过程的成果是如何达成的，可以让院校更难钻系统的空子。

在整体上基于对教育过程一致的、以研究成果为基础的认识

眼光敏锐的读者在看到上一项原则中的最后一句时就会像老鹰一样扑上去，抓住其含糊的字眼思考到底什么是"正确的考核标准"？这不就是同义概念的反复吗？这在本质上不就是说"好的评估标准"可以带来"好的评估方式"吗？而第五项原则会把我们带离这个循环论证，因为它给出了正确的考核标准的定义。正确的考核标准是基于对教育过程一致的、以研究成果为基础的认识。这是大学排名和许多想要在整个高等教育系统内评估教育质量的尝试中所存在的关键问题之一。他们依靠现有的数据但并未先去定义高质量教育的本质。这一原则的关键点是认识到质量的定义评估过程上有着重要作用。因为院校和学生一样，会根据考核方式来改变行动，所以选择评估哪些方面决定了质量的标准。我们在选取所使用的考核标准时也需要有有力的理由。这项原则认为我们需要基于对教育过程

的了解得到一个对教育过程的一致认知，然后在此基础上提出正确的考核标准。在第六章中，我会提出这种说法。在第七章中，我会用这一说法来支持一个关于我们应该如何判断大学学位项目质量的观点。

改进教育行为才能提升在评估标准上的表现

第六项原则正面解决了评估表现标准钻空子的问题。这项原则认为我们应该只使用要求院校改进教育行为才能在评估标准上表现得更好的标准。值得注意的是，在以比较院校为重点的教育质量评估系统当中，包括大学排名，通常都并没有做到这点。这是因为这样的比较并不要求院校用改进它们的教育行为来改善表现，院校要做的只是比其他院校表现更好就可以了。如果除了一所院校外其他所有院校的表现都变差了，那么这所院校就算表现不变，或者说没有其他院校变差的程度大，它在排名中的位次也会上升。同样，如果院校的提升速度比对手慢也会使其在排名上落后。

实际上，要求表现的提升与教育质量直接挂钩，还需要确保对院校来说通过改进教育行为从而提升其在质量评估标准上的表现是最具性价比的。否则，院校就会选择更便宜的选项：钻系统空子。这一点很难做到，完全依赖高等教育院校重视自身在质量评估标准上的具体表现。

对教育质量提供一个相对简单的比较

最后一项原则强调我们需要相对简单的对于教育质量的评估标准。用"相对简单"而不是用"简单"，表示对于简单程度的不确定。简单的比较在表面上对于在事物之间做选择时是有用的，但是简单的比较会扭曲我们对质量的理解，让我们在缺乏信息的情况下作出决定，这种紧张关系就是不确定性的来源。大学排名受欢迎的程度就是人们对简单比较的渴望程度的最好例证。大学排名受欢迎的部分原因是它们让广泛的用户群体不用读冗长的解释说明就能看懂排名。然而，也正是这种简单性让大学排名具有如此的误导性。虽然我们没法希望完全摒弃简单性的吸引力，但我们同样不能削弱建立起有效的教育质量评估方式的重要性。这项原则是说，我们需要能够对教育质量提供有效考核的最简单的教育质量评估标准。

总结

在本章中，我解释了一系列关于教育质量评估方式的迷思是如何扭曲了我们对于大学学位相对质量的理解的。对此，我提出了任何有效评估教育质量都需要满足的七条原则。需要说明的是，这些原则是作为一个整体发挥作用的，而不是一条条标准的单打独斗。

在本书的第一部分中，我讨论了一系列关于本科教育目的、本科教育所涉教育过程的本质、评估本科教育质量方式的迷思。换句话说，本书的第一部分主要专注于批评现状，这是一个重要的起点，但是批评本身是不够的。大多时候，大学教师都止步于批评，没有想明白能如何改变现状。在本书的第二部分，我会描述理解本科学位中教育目的、教育过程、质量评估方式的其他方法。值得说明的是，做这些描述的目的不是要人们把它们当作最终的结论，而是让它们成为关于这些问题的广泛讨论中的一部分。只有通过这种集体性的讨论与论辩，我们才能得出可行的看待大学教育的方式。

第二部分

对大学教育的一个构想

02

5

大学教育的目的

在绪论中，我论述了以经济角度的考量主导本科高等教育的公众讨论并不恰当。我认为，专注于把提高收入与增多人生机会看作是人们接受高等教育的原因，有削弱参与高等教育的教育性理由并且动摇高等教育作为一种教育性事业地位的风险。

在本章中，我会提供另一种关于高等教育目的的观点。这一观点的重点是接受本科教育是如何改变学生对于自我及自我能力的认知的。我首先概述了这种关于本科高等教育目的的观点，然后研究了一些关于理解高等教育目的的方式的棘手问题。在第六章中，我会接着讨论这种观点对于我们如何思考教育过程的影响，在第七章中，我会讨论这种观点对于我们如何评估这些教育过程质量的影响。

关于高等教育目的的另一种观点

在绪论中，我论述了经济方面的理由过度主导了公众对于高等教育目的的讨论。我认为仅仅注重高等教育在帮助毕业生提升收入方面的作用会动摇高等教育的教育性目的，并且最终会动摇高等教育作为一种教育性事业的地位。接着，我介绍了另一种看待本科教育目的的观点，该观点也是本书的重点。这一观点认为，高等教育的目的是帮助学生理解那些能改变他们对自我认知、对世界认知、对自我能力认知的知识。

在我们进入对该观点的详细讨论之前，这一观点有三方面值得我们注意。首先，这是一种面向未来的观点，它关注的是学生在未来能做什么。该观点注重培养全新的看待世界的方式，让学生能以全新的方式体验世界、理解自己，并在未来从事新的事业。其次，该观点并没有把知识看作事实的罗列，而是强调知识体系内部相互关联的结构。它是关于历经千年，经由成千上万人的付出而建造起来的知识体系的。最后，理解这些知识体系需要学生的付出，而由学生的付出引起的对高等教育的参与最终会改变学生。这突出了知识在理解学生从高等教育中获得的收获的重要性，知识同样在改变学生对自我以及对世界的理解方面至关重要。

学生发展与知识的转换关系意味着什么？

虽然我们只用了几句话就把高等教育的目的定义为帮助学生理解那些能改变他们对自我认知、对世界认知、对自我能力认知的知识，但这个定义到底是什么意思却并不明显。潜在的危险在于，人们会把这句话当作教育方面言辞模糊的无用之谈，所以在这一节中，我会举例说明它的含义。

表达变革性高等教育含义的最简单方法是说，这是一种能帮助学生以不同的方式看待世界的教育。这不是让学生了解事实的教育，而是改变他们看待世界方式的教育❶，其通过让学生学习能改变他们对世界认知的知识体系来达到这一目的。这一知识体系必然会包含一些事实，但重要的是这一知识体系提供的看待世界的方式。随着知识体系的发展，具体事实在该知识体系中的含义就有可能改变，但是它们仍然是以理解世界的方式为基础的。高等教育的教育目的就是向学生介绍这些知识体系，好让他们获得这种看待世界的方式。

例如，在社会学中❷，学生在最开始攻读学位时常常会认为社会学研究是对当今社会问题持有强烈意见，并同同伴相互辩论的。随着学习的深入，学生对社会学的理解就会发生变化，变成从研究社会的角度来理解社会学，接着变成观察自己对社会学的理解如何改变了他们将自己视为社会成员的方式。这是一个复杂的过程，学生不但珍视自己来之不易的观察方式，同时，随着他们意识到自己是想要批判的社会系统中不可分割的一部分，并常常从社会中获益，他们也会感到一种失落感。总之，学生们对社会学的理解从关注社会学的外在表象（辩论社会问题）转向对社会学知识结构的关注（社会的研究），最后变为关注他们自己如何被这些知识所影响。

在法学 ❸ 和会计学 ❹ 的学生中间也能发现相似的过程。在法学中，学生最初关注的重点是法律的内容，以及法律从业者的工作就是对法律作出正确的解释这一观念；在会计学中，学生关注的是会计的日常工作以及记录和报告的功能。在法学中，学生的关注点逐渐变为法律的动态结构，变成理解法律系统与社会间不断变动的关系。而会计学学生的关注点则变成了将会计学视为需要与他人交流的有意义的工作。也就是这一时刻，法学和会计学学生专注的是自己学位的基础的知识体系。就像社会学一样，一些法学和会计学学生接着会开始从系统、自己工作的道德维度以及他们如何能改变系统而不是简单理解的角度来思考自己的个人立场。

这些转变并不只局限于社会科学及专业学科当中。例如，在数学 ❺ 中，学生对于数学的理解也会有相似的改变，从最开始的把数学看作数字，到把数学看作提供模型与抽象结构的学科，再到把数学视为一种生活方式。在地理学 ❻ 及地球科学 ❼ 中，有一种不同的趋势，即从专注于对世界的总体描述，到理解世界是如何被划分为不同的部分，再到理解不同部分之间的相互作用。这里的不同之处在于，与之前讨论的过程以关注具体为起点不同，这些描述在开始时更多地关注总体。关键是，随后这些描述转向了关注结构化的整体。

这就是高等教育给学生提供机会学习这些重要的知识体系的方式。在不同的学科和职业中，其发生的具体方式不同，会有不同的起点与终点，但是所有这些例子都有一个共同点，那就是它们引导学生认识了自己学科或职业领域中已构建起的知识的内在相关联结构。这正是大学教育的决定性特点，也正是这使教育有了转变性。这些学生对于自己学位和学科理解的变化让我们能够知晓在大学中学习知识是如何改变学生对于自己的学科、对于世界以及对于自我的认知的。这是一个远远不止于培养通用技能或获取信息的过程，是一个从根本上改变学生以及改变学生在世界上的成就的过程。

图 5-1 试图说明学生是如何通过在大学学习结构化的知识体系而获得转变的。他们对知识体系的学习改变了他们对自我、对世界、对自身能力的认知。学生与世界之间的箭头突出了大学经历能够以与学生学习的结构化知识体系无关的方式改变学生，这些改变是通过学生在大学认识新的人及接触新的生活方式而发生的。值得注意的是，学生的大学经历同样能够不以知识为媒介而改变学生。例如，一些学生反映他们在大学的收获是学会了在与他们攻读的学位学科无关的新社交场合中展示自己❽。许多学生在大学里会遇到之前从未接触过的不同类型的人，这种多样性的经历是他们转变性经历的一个重要组成部分，与他们同知识的接触无关。

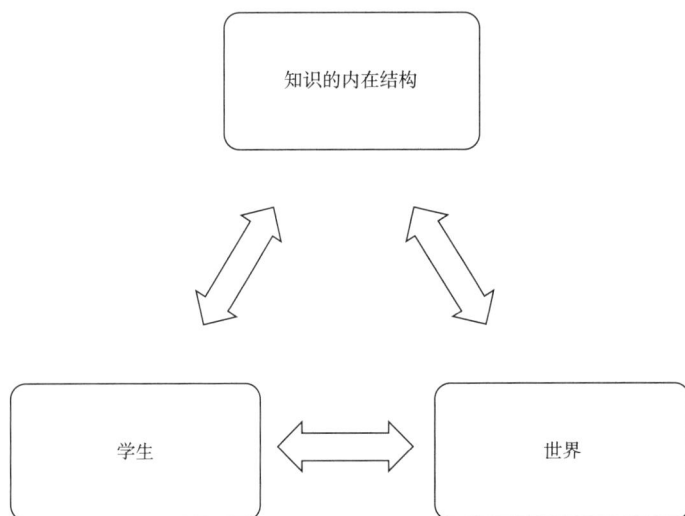

图 5-1　大学教育的转变性关系

以这种方式思考教育目的的影响是什么？

这种关于高等教育目的的思维方式十分重要，因为它彰显了本科教育是如何让学生获得强大的知识体系的❾。这种对本科高等教育目的的理解方式强调大学教育在提供给学生机会去学习结构化知识体系方面的作用，这是一种以提供学位项目的大学教师和院校的教育目的为基础的教育过程。这也就意味着，大学教师和院校有责任了解为什么他们提供给学生的知识是强大的，了解这种知识能让学生在世界上拥有什么能力。我会在第六章种对此进行详细讨论，但在这里要先提及这种观点的两个影响。

第一，向学生提供结构化知识体系的重要性显示了教师对这些知识体系有丰富理解的必要性。这就要求教师们对知识体系有着学术理解，并与之建立个人关系，从而帮助他们理解该如何让学生也能学到这种知识。第二，这要求教师所处的院校要致力于对这些知识体系的管理。在下一章讨论高等教育中高质量教育过程的本质时，我将会详细讨论这些影响。

总之，这种理解高等教育目的的方式彰显了本科学位是为了给学生提供学习能改变他们对世界及自我认知的知识体系的机会的。学生与这些知识体系的接触改变了他们看待世界以及与世界互动的方式。通过这种转变，学生得到了对于世界和自我的认知，这对他们工作和生活中的其他方面都很有用，但是要说明的是，这是他们学习学术知识的结果，而不是与此目的分离或只是附加的东西。同样需要注意的是，重要的是看待世界的方式，而不是知识本身。显然，随着时间流逝知识会发生改变，但是看待世界的方式是基础，并让学生能够学习新知识。还应在此说明的是，这种对于本科高等教育从教育方面进行的辩护表明了不管大学毕业生在之后从事什么样的工作，这种教育都是有价值的。这种转变性的过程对于个人和社会都有价值，与毕业生在未来收入的高低无关。这种对于高等教育从教育方面进行的辩护更注重学生受教育的方式，将其看作是高等教育经历的一部分。虽然高等教育让学生为未来做好了准备，但是是教育过程的价值而不是教育的成果构成了这一观点的基础。这涉及对特定类型的本科教育的承诺，我将在第 6 章中重点讨论。在第 7 章中，我将探讨评估这种大学教育的方式。

关于这种理解大学教育目的的方式的棘手问题

前文中已经提出了关于高等教育教育目的的观点，现在将讨论一系列关于理解教育目的思维方式的棘手问题。这些问题所关注的是高等教育是否只有这唯一的目的，这对被视为高等教育一部分的课程意味着什么，这是否是一个自私的观点，只是为了试图证明大学当前的做法是正确的，这种关于高等教育目的的思维方式是否只会误导潜在的学生，让他们知道在特定机构选择学位课程的重要性。

大学教育仅有这一个目的吗？ 大学教育在培养未来劳动力方面的作用如何？

这种关于对高等教育目的的思维方式的第一个棘手问题是，通过让学生学习知识从而产生转变是否是高等教育的唯一目的。世界上的许多国家都将高等教育视为培养未来高技能劳动力的方式❿，许多潜在的学生和他们的家人都把高等教育看作是通往薪资丰厚的工作和有成就感的事业的途径。这可以被视作表明本书提出的观点都是错误的、不恰当的高等教育目标。

对于这一棘手的问题，我的回答是，这些高等教育的工具性目标是合理的，会影响个人和政府资助高等教育学位的决定。然而，它们既不是高等教育的教育目标，也不是高等教育必需的目标。也就是说，可以有不以带来更好的就业前景为目标的本科高等教育存在。然而，不可能有大学教育不注重让学生接触结构化的知识体系，这种大学教育无法成为有任何意义的高等教育。显然，通过让学生学习知识来改变学生可能会让他们更有雇用价值，但这是学习知识体系的结果而不是一件孤立的事。所以高等教育如果完成了让学生接触结构化知识体系的教育目的，那么显然就能培养出更具有雇用价值的毕业生，但这并不是说培养有雇佣价值的毕业生是高等教育的首要教育目的。

这一回应有两个重要影响。第一，它意味着对"大学教育"的描述应该仅限于那些设计出来带领学生进入一种与结构化知识具有转折性关系的学位项目。第二，如果政府致力于提高学生的就业能力，那么高等教育并不能总是解决这个政策目标的明智选择。大学过度宣扬其在培养有就业潜力的毕业生的方式，在让人误解高等教育本质和削弱大学教育性方面发挥了关键作用。值得说明的是，这并不意味着高等教育不能培养具有就业潜力的毕业生，只是说这不是高等教育的核心教育目标。如果大学要声称他们能够培养出具有就业潜力的毕业生，那么就要像许多大学做的那样，同雇用者持续合作，弄清具体学位和具体职业道路意味着什么。然而，如果大学还没有完成这项工作，那就应该停止作出这样没有根据的论断，不再声称攻读学位和毕业生的就业成果之间存在联系。

这是否意味着只有单一学科才能提供真正的大学教育？

第二个棘手的问题紧随着第一个问题而来。既然本科高等教育是为了向学生介绍结构化的知识体系，那是否意味着只有单一学科被纳入了这种对高等教育的定义？这样的话，现今许多被纳入高等教育的学位就被排除在这种对大学教育的定义之外了。

我对这一问题的回答是，它是对我的观点的错误解释。许多学位（不论是专业的还是跨学科的）都结合了多种知识体系的见解。本书认为，对于大学教育来说，依靠多种知识体系来设计学位的人需要知道这些知识体系应如何结合在一起构成一个整体，以及这个整体给学生提供了怎样地看待世界的方式。这在具体案例中是如何运作的就不属于本书的讨论范围了，因为这并非能脱离具体知识体系来确定的，这是设计能让学生与强大的知识产生联系的学位项目的人员所共同创造的。不同的学科和职业知识体系是如何结合到一起的应该在设计过程中去探索，并根据已修过此项目的学生的经历进行重新审视，下一章会更加细致地讨论这一问题。必要的是，要有一个清晰的设计过程，专注于为学生创建一种一致的教育经历，但是这个过程应怎么进行就是要在设计具体学位项目的过程中形成了。

这是否意味着学位项目不能由学生从一系列模块中进行选择组合而形成？

这个棘手的问题和上一个问题相关，即学位项目是否需要是本书论述的那种具有一致性的学位项目。那么哪些学生可以选择任何模块，凑足学分，得到属于自己的学位呢？按照本书的观点，如果这种学位给学生提供的系统化知识体系和新理解缺乏一致性，那么它们就不能被算作是高等教育。本书认为高等教育的教育工作者和院校需要了解学生能从学习他们的课程里收获什么，这是他们的责任。要达到这一点，教育工作者和院校需要知晓这些学位项目是如何设计的，从而使学生能够通过学习系统化知识体系获得全新的看待世界的方式，而不是让学生自己去选择自己的课程。

这一观点并不是反对选修课程或者因完成学位而有不同的学业计划，但是大学教师和院校需要了解不同选择和计划会将学生带往哪些不同的方向。同上一个问题一样，虽然需要有一个有着明确教育目的的清晰设计过程，但是根据设计者不同的教育目的和不同的知识体系，设计过程可以导向多个不同方向。例如，英国在 20 世纪 70~80 年代的时候发生了一场支持独立学习获得学位的运动❶。在攻读这些学位的整个期间，学生自己设计自己的问题，自己研究自己的问题。也许让人意想不到的是，我把这些学位看作是我在本章提出的那种高等教育学位的样例。这是因为这样的高等教育有着明确的教育目标，也被设计成了要满足这些目标的样子。它们的基础知识体系与向学生介绍独立学习的过程有关，并且这些学位对于攻读它们的学生个体来说具有很大的转变性。这是一个很有启发性的例子，因为它证明了用胸怀远大且极具创意的方式来思考如何向学生介绍可以改变他们对自我及自我能力认知的知识体系是可行的。

这是否意味着大学不需要改变？

另一个棘手的问题是，这是否只是对大学现状的辩护。提出一个关于获取系统知识体系重要性的观点仅仅是对现状的辩护吗？我对上一个问题的回答应该表明了并不是这样的。正如我会在下一章中进一步讨论的一样，有许多学位项目并没有因为让学生能获得系统的知识体系而被精心设计，有些学位课程比没有总体教育目的和总体设计的课程集合也好不到哪去。我们不应该低估若大学要更严格地承担起教育责任而需要作出的改变，这并不是说全球高等教育的学位项目里没有多少是被精进设计的，而是说通常来讲这些学位项目都是单独设计的成果，不是大学作为院校统一设计所提供的学位项目。

虽然有许多优秀学位项目的例子，但是也有学生因为学位项目提供的是关于事实的知识而不是关于看待世界、接触世界方式的知识而沮丧的例子。同样，在大学中考核学生的方式也可能让学生感到自己对结构化知识体系的理解并没有得到考核，而让他们感觉自己做的是记忆力测试或者只是为了回答考试问题而学习并因此没能深入了解学科 ❷。

本书的观点认为这不应该是提供高等教育的大学之中该发生的情况。这涉及我们看待高等教育教育目的的方式作出重大改变，并引导潜在学生提出不一样的问题。潜在学生不应该关注他们申请的院校的名气或者他们预期未来可能能拿到的薪水，他们应该分析学位的教育质量，思考学位项目设计的精心程度。对于潜在申请者来说，一条简单的规则是，如果他们申请的学位不能以一种简单易懂的方式回答为何要这样设计学位、为什么该项目注重的知识很重要、学生能从学习这些知识中获得什么等问题的话，那么这可能并不是精心设计的项目。我会在第七章中进一步讨论这一问题。

这种理解大学教育目的的方式是否会误导学生？

学生申请大学的问题引出了下一个棘手的问题。这个问题是这种对高等教育的观点是否对潜在学生具有误导性，因为它低估了高等教育发挥标示作用而不是教育作用的程度。这种看法认为，高等教育的作用是让毕业生具有能标示给雇佣者的信号，说明他们值得雇用，而教育内容或质量本身并不重要。这个问题背后的观点是，鉴于名校里的名牌课程能让学生的薪资更高，那么鼓励学生考虑他们接受的教育的质量，而不考虑他们在最名牌的院校里学习所能收获的价值是不诚之举。这个观点还可以进一步延伸，认为最有可能被误导的申请者是那些对高等教育最不熟悉的人。这就可能导致有特权的学生关注于院校名气，从而获得最大的毕业生溢价，然而工薪阶层的学生则关注于教育质量，结果却从高等教育中获得的收获最少。

我会在下一章中就这一问题的各方面进行详细讨论。但是值得我们注意的是，这类问题凸显了高等教育的经济目的是如何主导并扭曲我们对于攻读本科学位的教育目的理解的。我们告诉学生不要担心他们学位的教育质量，而是要关注该学位会给劳动力市场传递怎样的信息，这清楚地表明了我们已经迷失了大学教育的目的。

考虑到学生上大学所需要的成本，无论是由纳税人支付还是通过学费支付，如果这种标示的观点是正确的，那么任何学生去上大学都是在浪费钱，因为随着越来越多的人从大学毕业，这项投资的回报会越来越低。我们现在面临着一个艰难的选择，要么认可高等教育在教育上是有价值的，要么推翻整个高等教育事业。如果我们认可高等教育的教育价值，那么不被院校名声扭曲，清楚了解什么是高质量大学教育就至关重要了。本章的观点为提出一种关于高质量大学教育中教育过程的观点打下了基础，在第六章会详细讨论这一观点。

这种理解大学教育目的的方式是否意味着需要由活跃的研究者来提供这种教育？

最后一个棘手的问题是，这种关于高等教育教育目的的观点是否限制了可以被算作是提供高等教育的院校范围，关注向学生提供学习结构化知识体系的机会是否意味着这种教育只能由活跃的研究者来提供，从而暗示只有研究密集型大学才可以提供真正的大学教育？我对这一问题的回答是，这种关于高等教育目的的观点，确实限制了可以向本科学生提供真正的高等教育的院校范围，但是关键点不在于院校是否有活跃的研究人员。相反，这种观点对院校的限制是雇用对相关学科或专业知识体系有学术研究的员工，并把这些员工作为其关键部分❸。这里说的学术研究可以是研究学科本身，也可以是研究学科本身的知识对广大社会有何影响。重要的是，教师应该同他们提供给学生的知识体系有着鲜活关系。正是这种鲜活的关系让他们能够找到让学术有意义的接触学科本身的方式。同样，我论述的这种关于高等教育目的的观点需要存在于致力于知识体系管理的院校当中，但这并不是说研究是唯一能对知识发展作出贡献的方式。研究只是一种重要的方式，但无论是通过参与活动还是与企业、慈善机构或社区组织建立合作关系，能够和社会中的其他人合作，让人们理解知识对于高等教育之外的世界的影响，也是一种对知识发展作出贡献的方式。

然而，这确实意味着由外部决定的课程和与学科之间没有鲜活关系的教师组成的高等教育学位不能算作是高等教育。在下一章中我还会详细讨论这些问题，但是这一棘手的问题帮助我们表明了真正的高等教育应包含什么。真正的高等教育要有精心设计的学位项目，能让学生与结构化知识体系产生转变性关系，同时授课教师应该与这些知识体系具有鲜活关系。正是这些特点才让本科学位成为高等教育，也正是这些特点在高等教育对学生产生转变性影响的方式中起着核心作用。我们不应该把高等教育的定义设定得过于宽泛，以至于让外部课程学术素质不足的教师出现在学生面前，就好像他们提供的是真正的大学教育一样。

总结

在本章中，我论述了大学教育的教育目的与向学生介绍能改变他们对自我、对自我能力认知的结构化的知识体系有关，这些知识体系提供给学生的思维方式让他们能以全新的方式理解与接触世界。这种教育要求本科学位的教师应该与这些知识体系有着鲜活的关系，而院校应该致力于通过研究、社区合作或其他形式的活动来长久维持这些知识体系。

在讨论了理解高等教育教育目的的具体方式后，在下一章中，我会讨论满足这些目的的教育该是什么样的。这也会影响我们在第七章中对如何评估大学这一议题提供的教育质量的讨论。

6

大学教育的关键因素

在上一章中，我讨论了本科高等教育的教育目的，并论述了这些目的应该关注学生如何在高等教育中学习结构化的知识体系而获得转变。在本章中，我会讨论实现这些目的的高质量大学教育会是什么样的。

我会通过探讨第三章中提出来的高质量本科教育的标准来论述观点。接着，我会回答一些关于高质量本科教育本质的思维方式的棘手问题，并尝试以此阐明我的整体观点。提出这一观点前，我想先说明几个关键想法。首先，这种理解高质量大学教育的方式注重课程设计，认真考虑学生的身份和他们所学知识的性质。但这种观点并不是以学生为中心或是以知识为中心的，而是关注学生与知识之间的关系。其次，这种课程设计还要了解学生通过学习这些知识会怎样变化、会有何收获、能对社会作出什么贡献。这包含了学生未来就业时可能从事什么工作，但是并不局限于此，也包含了学生能为社会的正向发展所做的其他贡献。再次，这种设计过程是以实证为基础的，要以关于教育过程的理解和实证为基础，但是最终还是依赖课程设计者的判断。这是有瑕疵的过程，总会有人为失误产生，并不是具有误导性的完美过程，如"最佳范例"或是"卓越教学"的概念所暗示的。最后，正如第五章所述，这一过程依赖于作出判断的教师的专业知识，以及支持这些教师的教育院校。

提出高质量大学教育的一个构想

在本章的第一部分，我会回到第三章关于高质量大学教育的原则的概述 ❶，我将以这些原则来概述高质量教育过程的特点但并没有试图描述最佳的教育范例，而是为了了解支撑高质量教育过程的各种考量与投入是什么。这种思维方式总是受到在读学生与在授知识的影响，同样也受到相关教师的专业知识以及学位项目所处院校背景的影响。通过对这些原则进行回应并不能提供关于高质量教育过程的完整蓝图，但是能让人们知道在一个设计优良、严格落实的学位项目中应该发现哪些特点。

这些原则是，高质量大学教育应该：

①从对学生的认知出发。

②以对所教授知识及如何让学生学到这些知识的深入理解为基础。

③要设计成一套连贯的经历，让特定的学生能够获得对特定知识体系的理解。

④以对学生通过参与这些经历能产生什么样的变化有清晰的预期为基础。

⑤通过学生对于知识体系的理解来评估他们的学习。

⑥是集体成果。

讨论这些原则时需要说明的是，这些原则是作为一个整体共同起作用的，而不是给人们提供了一个菜单，让人们从里面选择。这些原则各不相同，相互支持，共同指出了高质量教育过程的整体意义。

高质量大学教育从对学生的认知出发

虽然整本书中我都清晰地表明要关注学生在学位教育期间能学到的知识，但是任何学位项目都应该以学生当前的知识水平和认知水平为起点 ❷。值得说明的是，这应该是以即将开始学位学习的学生真实的认知水平为基础的，而不是以大学和大学教师感觉学生应该具有的认知水平为基础的。这关注的是学生真实的认知水平，而不是一个理想中的学生应知道什么的预测。否则的话，高校教师就会要求学生以大学认为他们应该具有的水平为起点开始学习，这会导致一连串让人再熟悉不过的相互指责。大学指责中学没有正确教导哪些将要进入大学的学术。中学则耸耸肩，耐心地解释说是小学送来的学生没有作好接受中学教育的准备。而小学则明确说是自己的学生在上小学前上的幼儿园妨碍了他们的成长。幼儿园又把矛头指向学生父母。最后，所有的过错都推给了学生个体、学生的家教或是学生父母。

我们不应该陷入这一连串的指责中，相反的是，大学更应该承担起了解学生起点的责任。这需要相关人员花时间与目前的就读申请者和在读学生进行沟通，了解他们的背景和过往经历。

高质量大学教育以对所教授知识及如何让学生学到这些知识的深入理解为基础

就像了解学生一样，高质量教育过程应该以对教授知识的深入了解为基础，这需要高等教育的教师在提供的学位项目知识体系上有所专长。这种知识有两个重要方面。第一，要了解知识本身，这是教育过程中必不可少的一部分。然而这还不够，高等教育的教师应该了解如何让学生学到这些知识，他们需要掌握学生会对知识体系的哪些方面有学习困难，并清楚帮助学生克服这些困难的策略❸。第二，若如上所述，高等教育的教师应该有责任担当其学科和专业领域的管理人，了解构成其学位项目的知识，并对此做出贡献。他们的作用是向学生介绍这些知识体系，让学生能够理解这些知识的强大之处，了解这些知识能够怎样改变学生理解世界的方式。这是一种职业及专业的行为，而不是一种技术行为，这是关于如何教育学生的行为，而不仅仅是提供学习机会的行为。

高质量大学教育要设计成一套连贯的经历，让特定的学生能够获得对特定知识体系的理解

前两项原则合在一起就构成了第三项原则，也就是高质量教育过程需要精心设计出一套连贯的经历，让学生能够了解具体的知识体系。值得说明的是，这不是某一个教师能做到的事，这是一项集体行为，需要所有学位项目相关人员参与其中。这不但需要具体模块的负责教师参与，还需要教育专家、实验室技术人员、辅导员、教育及学术开发人员的参与。在专业的学位项目当中，同样有可能需要为学生提供实习工作的雇用者参与。这应该是一个以实证为依据的过程，需要通过分析以往学生的经历来了解该怎样改进学位项目的设计❹。可以用许多办法来捕捉这种经历，包括检查他们的作业，问卷调查他们的经历，最重要的是要让学生参与学位项目的评价当中。

所有作出贡献的人员都有专业知识可以分享，但是值得说明的是，他们的专业知识各不相同。例如，高等教育教师可能是课程知识内容的专家，而学生对所学习课程有独到见解。各种不同形式的专业知识都应该得到我们的认可与尊重，而不是将所有的贡献者都视为是同一个类型的专家、都与同一类的知识有关。大学教师往往容易淡化自己的专业知识，部分原因是他们从教育过程中学到的知识常常不比学生收获的少。然而，除非大学教师及其所在院校明确表示他们拥有学生缺乏的专业知识，否则他们作为教育工作者的合法性就会受到削弱。

高质量大学教育以对学生通过参与这些经历能产生什么样的变化的有清晰的预期为基础

上述集体设计过程同样需要人们对学生通过学习这些知识体系会产生什么样的变化有清晰的预期认知❺。这也就是说，人们需要清楚地知道学位项目中的不同部分是如何相互关联的，以及这些部分应该被怎样进行排序。正如我们在上一章中看到的，这种对高等教育本质的思考方式意味着高质量学位项目不能是由不了解模块之间关系的教师组合到一起的模块集合，也不能是学生从一大堆模块里面自己挑选的模块组成的集合。学位项目中需要有一个教育目的，关注于预估学生通过学习知识会发生什么变化，并且以最有可能使这些预估成为现实的方式来组织教育经历。这就把巨大的责任放在了高等教育教师和院校身上，他们需要严肃对待学位项目的设计以及他们的教育职责。通过邀请学生攻读其学位项目，为学生提供一种看待世界与生存于世界的全新方式。这项教育事业是严肃的，具有改变人生的作用。

高质量大学教育通过学生对于知识体系的理解来评估他们的学习

设计过程中的一个关键因素是如何考核学生对知识的理解。这项原则十分重要，应该将其看作是学生教育经历中不可或缺的一部分，而不是把考核方式看作是发生于教育经历之外的事并关注从中能产生何种收获。考核方式是学位设计中一个十分重要的方面，因为它向学生清晰地传递了该学位项目重视什么、有何预期等相关信息。但让人沮丧的是，学位项目常常在招生简章里详细描绘他们提供的能改变人生的教育经历，但是考核学生的方式却丝毫没有被反映在这些教育目的中。如果一个学位项目的价值和教育承诺没有反映在考核学生的方式上，那么学生大概率也体会不到其价值与教育承诺。

这是高等教育里时常发生的一连串相互指责的另一个例子。在这种情况下，学生会被指责为过度关注于考核方式，在学习方式上过于具有工具性。只有当学位项目的考核方式会对工具性行为予以奖励时这才算是一个问题。一边教导学生与知识形成深入的个人关系十分重要，一边又因为用单项选择题进行考核可以节省时间，就用这种方式来考核学生是否形成了这样的关系，这是没有什么意义的。有充足的证据表明学生通过考核学到的知识比从教育经历中的任何其他部分学到的都多，而学生在考核当中的表现则可以为学位项目设计的成果提供必要的证据❻。如果以一种具有教育意义的方式来设计考核方式，那么这就为学生提供了机会，让学生为自己的领域做出自己的贡献，并由该领域的专家提供反馈，指导学生该如何改进这些贡献。如果考核方式是以一种毫无意义的方式进行的，那么就会动摇整个教育过程。

高质量大学教育是集体成果

最后一项原则强调任何教育过程都是集体成果。在前文讨论其他原则的时候，已经对这一点进行了强调，但还是有必要再突出说明这一项，因为大众对于高质量教学的普遍印象总是受启发式的教师个体主导的。即便一名教师全靠自己工作，他给学生提供的知识体系也是集体性的，是通过许多不同的贡献者在千百年之中构建起来的。我们需要认可、尊重知识的产生过程以及属于人类集体努力而不是个人努力的教育经历的产生过程。学位项目是由许多大学教师共同教授的，他们有着各不相同的角度，可以丰富课程，而为了让学生得到一致的教育经历，学位项目的不同部分则需要与彼此相关联，清楚了解彼此应怎样作为一个整体发挥作用。

这些原则怎样共同起作用？

正如我在前面阐明的一样，这些原则组成了一个集合的整体，以说明支撑高质量高等教育的教育过程。这些原则表明，为了设计专注于为学生提供强大知识的机会课程，大学教师和大学需要对学生有清晰的认知，对他们教给学生的知识为何是强大的有清晰的认知，以及对学生学习这种知识后未来能成为什么样的人有清晰的认知。显然，学生有可能会朝着大学教师和大学没有预料到的方向发生变化，但是大学教师和大学还是应该清楚通过教授学生知识他们想要达到什么结果。值得说明的是，这绝非易事——它不会总是应验，而大学教师和大学应该不断收集、分析、讨论关于他们的课程设计方法和教学方法效果如何的证据。

值得注意的是，这些原则并不涉及许多主导高等教育质量公众讨论的问题。这些原则没有规定高质量学位项目所需的课时、班级规模、教学方法或考核方式。这是因为高质量教育过程是一个基于在读学生和他们正在获得的知识的影响的设计过程。研讨会是否比讲座更好的问题，或以问题为基础的学习是否是学生成功的关键的问题，取决于该课程试图实现的目标以及在读学生的以往的经历和知识。

关于高质量教育过程的棘手问题

我已经提出了对于高质量教育过程的一个构想，现在我会讨论人们可能会针对这一构想提出的一些棘手问题。这些问题关注这种对教育质量的思考方式是否提出了一种更低标准的高等教育，是否剥夺了学生的学习责任与学习自由，是否低估了启发式教师的重要性，是否对教育工作者提出了不切实际的要求，是否提出了一种精英主义的高等教育观点。

这种关于高质量教育过程的观点是否会导致高等教育的标准变低？

对本章所提出观点的一个反对意见是，认为学位项目应该为实际要攻读项目的学生而设计的想法会导致学位项目的标准降低。这种反对意见表示，不应该设计学位项目来贴合想要攻读该项目的学生，而应该是大学能自由录取它们认为已经准备好学习该项目的学生。我对于这一反对意见的回应是，应关注于高等教育院校在社会中的作用。这些院校有对社会知识负责的责任，有责任让想要学习这些知识的人能够学到它们。花时间找出更能让人学到知识的方式不会使标准降低，这反而是高等教育的目的之一。关键点在于，这种构想并不是要降低学位项目的成果或是标准，而是说要考虑如何让学生从入学时的水平达到学位项目结束时预期他们能达到的水平。这种构想认为大学应该严肃对待自己的教育作用，找到方式帮助学生达到对学位项目所授知识的高水平理解。

学生的学习责任是什么呢？这是否只是填鸭式教学？

这个相关的棘手问题提出了重要的一点，即学生对于理解学科和专业知识的责任。这一问题强调了学生需要在教育过程中扮演积极的角色，而填鸭式的教学并不适合被用于高等教育 ❼。但是，这个问题是基于对本构想的误解而提出的。精心设计的学位项目并不意味着没有必要让学生积极参与。虽然教育工作者需要了解学位项目能将学生带领向何处，但是只有当学生投入教育过程中并承担所需的工作时才可能成为现实。一个被精心设计的学位项目是为了确定学生需要做的工作，以便建立与知识的转换关系，它并不是要替学生完成工作，而是明确指示学生若要理解知识需要做哪些事情。很多时候拒绝对学生进行填鸭式教学只是教育设计不佳的借口，这种糟糕的教育设计让学生几乎不知道他们该怎样才能够理解学位项目所授的知识。

学生的学习自由呢？这是否会限制他们的成就？

第三个棘手的问题是，注重高等教育院校明确他们想要帮助学生了解什么样的知识的责任是否限制了学生发展出未被课程设计者所预期的见解或特质的机会[8]。我对于这一个棘手问题的回答是，任何教育情形中都有获得未被预见的学习成果的机会。然而，正是因为它们是没有被预料到的成果，所以它们不是计划的结果。我的观点并不是说教育工作者应该限制学生的成就，而是说他们应该对自己预期学生能从学位项目中获得的收获有清晰的认知。如果完全不确定学生能收获什么这个问题，那么所有的学习责任就落到了学生身上，而教育工作者就可以摆脱他们对学生教育的责任。学生可以从学习中获得没有被预料到的见解与成果，有时也不会获得预期的收获，但是提供给学生学位项目的人应该要能够回答他们预期学生能够从攻读该学位项目中获得哪些收获的问题。

教学真的和表现无关吗？那启发式的教师呢？

因为本书的观点关注教育经历的集体性设计，人们可能会说其淡化了启发式教师的重要性。从某种意义上来说，这并没有说错。本书的观点认为，启发式的教学表现比起经过精心设计、清楚了解学生通过一系列经历之后能达成怎样的知识理解的学位项目来说并没有那么重要。在被精心设计的学位项目中，启发式的教学表现可以激励学生，有着帮助他们创造对于所学知识的精彩见解的重要作用。但是，启发式教学表现只凭其自身并不能为学生提供教育。本书提出的构想并没有否认启发式教师的潜在贡献，它更多的是表示，若整体学位项目是被精心计划过的，学位项目的不同部分之间有着一致性，而这些教师又是这种学位项目的一部分的话，那么他们的能力会进一步增强。

这是平淡教学方式的胜利吗？

这个问题与前一个棘手的问题相关，暗示重视精心设计的学位项目会把平淡的教学方式排在启发式教学方式前面，而与之相关的一种观点认为，这代表了教育过程中的天赋之死。我对这种观点的回答有三个方面。

第一，天赋的本质是罕见的。我们不应该为了罕见之物来设计系统。实际存在的天赋比人们宣称存在的天赋少得多，并且没有具体的理由说明为什么天赋比其他人类特点更为特殊。

第二，精心计划的学位项目可以被看作是一个安全的基础，各种教学方法都可以在其中蓬勃发展。如果对学位项目所希望达到的目标以及其中每个元素的位置都有集体性共识，那么不同的教师就有机会在这个更广泛的系统中发展他们的个人教学方法。这一构想并不是让所有教师都试着用同一种方式教学，而是为不同的教师提供了让学生了解教师与知识间的个人关系的机会。

第三，精心设计的课程并不会导致平淡。它们为学位项目课程提供了一个一致的整体框架，为各种精彩的教学方法提供了更多机会。很多时候，对个人天赋的主张以及学术自由的主张会被用作糟糕的教育设计和对学生体验缺乏考虑的借口。确切地说，学术自由非常重要。实际上，正因为学术自由太重要了，所以不能被用作个人主义或草率教学方法的借口。有时候在一些地方，大学教师不被允许研究或教授被认为是危险的知识，如果他们尝试这样做，就会受到管治。将仔细考虑学位项目设计的必要性视为类似于这种的压迫情况，显示出了对学术自由这一概念所涉及限制的理解的匮乏。

怎样才能期望教育工作者知道这些事呢？

这个棘手问题关注的是，本书的观点是否是基于一种无可救药的乐观想法，即我们能够了解学生，能够知道他们在大学学习知识会有什么变化。这个问题在本质上是在问大学教师怎么可能知道自己学位项目的影响。对这一棘手问题的回答包含三个因素。

第一，大学教师和大学在论证他们让学生准备好了毕业后的工作与生活时，经常会作出这样的声明。这些声明往往只是一些含混不清的陈词滥调，但是它们确实表明了人们对学生在参与学位课程时应该获得的收获有一定的认识。大学教师和院校愿意对他们提供的教育所具有的力量作出笼统性的声明，但是却不能具体地说明他们预期会对学生造成哪些改变，这似乎有些奇怪。如果他们不知道自己的学位项目会带来哪些具体的改变，那么他们又在什么基础上来作出这些笼统性的声明呢？

第二，如果大学教师和大学不知道学生通过学习知识会受到什么影响，那么他们是在什么基础上来组建学位项目的呢？是在什么基础上选择学位项目中的不同因素的呢？如果他们不知道学生通过在大学学习能学到什么，那么他们是在什么基础上来设计学位项目的考核方式的呢？

第三，如果他们确实对学生经过大学学习能产生什么改变没有预期，那他们为什么要求学生花上三四年的生命在自己的院校里学习呢？如果他们不知道他们会把学生带向何方，不知道学生和社会会如何因大学教育而受益，那么为什么大学教师和大学会期望学生与纳税人资助他们的学位项目呢？在这里需要说明的是，这并不是说学生从攻读学位中获得的收获是显而易见的，达到这种程度是大学教师和高等教育院校发挥教育作用时的一个难点。然而，虽然这并不简单，但是这仍然是教育工作者职责中的一个关键因素，需要我们比通常情况下更加细心地考虑。

只有活跃的研究者能做高等教育的教师吗？

这一棘手问题同上一章的问题相呼应。虽然在上一章中这个问题关注的是高等教育的目的，而在此处它回到了本章中的论断，即关于高等教育教师为了设计高质量的教育体验而应具有的知识关系的观点。这个问题之所以很重要的原因有很多。它突出了谁才有资格被视为高等教育教师这一问题。如果只有活跃的研究者才能被视为高等教育中合格的教师，那么这就意味着许多目前在高等教育中从教的人员就不是合格的教师了，而名校更有可能招聘活跃的研究人员做高等教育教师的潜在问题就会进一步激化❾。这可能被认为意味着与其他院校相比，越有名气的院校提供的高等教育就越合格。然而，虽然高等教育教师需要与知识有一种持续存在的动态个人关系，但是在学科或专业领域进行研究只是建立此类关系的方式之一❿。许多大学教师参与了对教学与学习的学术研究，这为拥有与知识的动态关系提供了另一条路。同样，其他大学教师注重通过研究影响或知识转移活动让广大社会能够获得知识，这些都是大学教师与知识建立起学术性关系方式的例子，还存在着其他的方式。这种学术性关系十分重要，但是正如本章所明确的，只靠这种关系本身并不够。高等教育教师除了要与他们提供给学生的知识建立起鲜活的关系之外，还需要思考如何能让学生学到这些知识。如果活跃的研究者对于如何让他人能够学习知识不感兴趣，或是对此不关注，那么让他们参与到高等教育中这件事本身并不能算一件好事。

这是否是一种支持精英高等教育的观点？

这一个问题建立在前一个问题的基础之上，但它的重点是什么样的学生能够接受高等教育。这个问题受到了一种看法的影响，即本章概述的观点注重知识而不是职业技能，是一种公开支持学术性高等教育的观点。这一问题十分重要，因为它展现了区分学术性教育和精英教育的重要性。重视给所有学生提供强大的知识来学习并不是精英主义的。认为高等教育的目的是让学生能学到这种知识，所以所有的学位项目都应该把这一目的放在其目标的核心位置来进行设计，这也不是精英主义的。教育应该为会实际接受的教育的学生而设计也不是精英主义的。我的观点所要表达的只是那些设计学位项目的人应该思考怎样让所有学生都走上教育之旅，而不是仅仅考虑最有能力或最有特权的学生。这需要设计一个具有包容性的课程，让学生能够具有同知识的强大关联。这是大学与高等教育院校教育责任的核心。这看起来应该是艰巨困难的，因为它确实艰巨困难。这样设计学位项目并不能保证其一定会取得成功，而教育过程对学生、教师和院校都是棘手而费力的，这是因为教育他人就是棘手费力的。虽然现在有许多启发式学位项目、教师和学生，但是我们不承认这种设计的困难度，这也许最清楚地表明，许多大学并没有严肃承担起他们应该承担的责任。

总结

在本章中，我论述了高质量教育过程是经由集体对学位项目的精心设计为基础的。这种设计注重让学生有机会学习能改变他们对自我与自我能力认知的结构化知识体系，需要基于对学生过往经验与认知水平的清晰了解，并为学生提供途径，达到对学位项目所授知识的丰富理解。

在下一章中，我会讨论这种高质量教育过程对评估学位项目质量的方式有何影响。

7

评估大学教育质量

在第四章中，我概述了一个有效的评估学位项目质量的系统应该具有的特点。在本章中，我将讨论我们应该如何利用这些特点来判断大学教育质量。对质量的判断与谁来判断及判断目的相关，正因如此，我将首先讨论这些特点在影响个人对具体学位项目质量的判断方面将怎样起作用，接着，我会讨论这些特点如何在整个高等教育系统内判断学位项目质量时起作用。

对于大学学位质量及评估方式有两种重要的理解方式，是本章的基础。第一，我们需要清楚在评估不同学位项目时哪些方式是可行的。对学位项目的评估永远做不到精确，因为学位项目本身是复杂多变的。因此，虽然有一些质量指标能派上用场，但是我们应该把它们看作粗略的指标而不是精确的评估工具，它们的精确度就像是大锤而不是激光。我们提供的任何用来评估学位项目质量的精确工具在使用时都会被抹上大量的蛇油润滑。第二，如果我们要对学位课程的质量做出明智的判断，那么我们不仅需要考虑我们从半个多世纪以来对高等教育学与教的研究中所了解的情况，还需要考虑我们掌握的各院校在根据表现评估标准接受考核时的反应情况。

判断学位项目质量

在第四章中，我论述了所有判断学位项目质量的系统都需要具有下列特点：

①反映高等教育的目的。

②在具体的学位层次而非院校层次考核质量。

③评估院校提供的教育质量而不是声誉或名气。

④采用能从不同角度传达质量信息的多种评估标准。

⑤在整体上基于对教育过程一致的、以研究成果为基础的认识。

⑥改进教育行为才能提升在评估标准上的表现。

⑦为教育质量提供一个相对简单的比较。

这些特征将被用于指导本节其余部分的内容。在本章中，我主要探讨了一个有效评估本科学位质量的系统可能的样子。然而，考虑到这种首选的质量评估系统尚不存在，也许永远不会存在，那么这些原则将如何帮助那些选择学位项目的人呢？

作为个人做出判断

我们如果分析一下上面列出的七种特点，很容易会发现前四个特点可以用于指导个人判断，而后三种特点更多的是关于评估系统本身的。因此，在对学位课程作出个人判断时前四个特点很有用处。这些特点可以怎样指导学位申请者决定攻读哪一个学位项目呢？为了回答这一问题，我写作时假定了读者正在尝试选择学位项目。虽然我承认许多读者都不会正处于这样的情况下，但是这种写作方式让选择过程有了一种身临其境之感，能帮助读者了解在选择学位项目时作出判断所要涉及的东西。这种写作方式同样也可以帮助那些正在设计学位项目课程或是宣传学位项目课程的人了解他们的课程从申请者的角度看起来可能是什么样的。

第一，作为一名申请者，弄清你为什么要攻读本科学位是很重要的。了解你想从本科学位的学习中获得什么是决定你选择哪种学位、在哪学习的一个重要因素。你是否对学科的某些具体领域感兴趣？你是否想要学位项目为你提供在行业实习的机会？你是否想要在毕业后从事具有某种特点的工作？检查学位课程是否能提供你所真正感兴趣的东西是很重要的。不同院校、不同学位课程提供的东西是不一样的，所以假定同一领域的学位项目会提供同样的选择和机会是行不通的。

第二，这表明你应该关注具体的学位项目提供了什么，而不是简单地选择一个具体院校。根据第三项原则，你应该尝试了解学位项目提供的教育质量，而不是仅仅寻求名气的标志。在思考教育质量时，你应该与第四项原则保持一致，尝试从不同的角度去了解。当然，你需要考虑学位项目的入学要求，思考自己能否达到这些要求，但这只是一个复杂过程的开始。除了检查学位课程是否会录取你，你还应该考虑你是否想要攻读该学位。学位项目在选择你，而你也在选择学位项目。去看一看在读学生和近年毕业生对于学位项目的评价，去看一看学位项目的描述。学位项目是否说明了想要如何对你进行教育？是否有一致性和总体方法？是否尝试告诉你它们会如何对你进行教育，还是它们只告诉你它们的名气有多大，在大学排名中的名次有多高？学位项目是否说明了自己的教育过程，还是它们只是与其他学位项目进行了空洞的比较？基于对学位项目的描述，你是否感觉自己已经知道学位项目涉及的内容了，这些内容是否让你感到兴奋？学位项目的毕业生是否似乎在从事你未来想要从事的工作？学位项目会如何评估你在学位项目中的表现？你是否感觉这些评估方式能让你展现你通过学位项目获得的成就？

找出在教育方面适合自己的学位项目之后，你就应该考虑提供这些学位项目的院校了。院校对于是学生的你能提供哪些支持服务？其所提供的支持是否与院校的规模相一致？院校是否提供了对你来说至关重要的设施？如果你在考虑为了学习而转移居住地，那周围区域是什么样的，能提供哪些条件？不要仅依靠院校提供的信息，因为这些信息可能是尽可能地在粉饰现实，从其他信息源寻找信息，例如第三方网站。

值得说明的是，这里说的信息不是你能从大学排名里简单获得的那种信息，因为大学排名的排名方式就好像是把某一学科中的所有学位项目都当作一样的。你需要深入挖掘，并阅读、了解你所感兴趣的学位项目声称能为你提供的教育是什么样的。否则，当你开始攻读学位项目时，就可能会遇上一些令人不快的意外。

可能选择一个学位项目看起来需要花很大力气，事实上这确实需要花很多时间收集信息并思考你想要从学位中获得的收获。然而，花费这么大力气去选择一个学位项目是完全应该的，你未来攻读这个学位项目会花上三四年时间，并且其会对你的余生持续产生影响。你要从尽可能多的不同信息源中获取尽可能多的信息，判断你对什么适合自己的感觉，并考虑哪些项目看起来能为你提供最好的教育体验。

虽然这种选择大学学位的方式可能看起来反映了最具特权的学生作选择时的过程❶，但是本书认为，对所有的申请者来说，找到最有可能支持自己未来计划的学位项目是很重要的。然而，为什么这种描述看起来代表了通往大学的特权路径则值得我们反思。这是因为这种选择方式代表了这样一批人，他们在选择学位项目时没有家庭责任，对去哪上大学没有经济或其他方面的限制，能够全职学习，在整个学位项目期间不需要工作。这基本上代表了那种与生活需求、性别、种族、性取向无关并且没有受到这些因素阻碍的选择过程。但是，同样值得说明的是，了解不同学位项目提供的教育质量对每个人来说都十分重要，这无关他们的身份与社会经济特权。

总之，从个体层面来说，判断学位项目质量要尝试摆脱大学招生简章与招生网站的宣传，了解学位项目想要在教育方面取得的成果，以及学位项目在这方面看起来所具有的成功程度。这是一个以证据为基础的过程，但也涉及要尝试了解为什么你选择攻读一个学位以及你想要从一个学位中收获什么。

从系统层面判断教育质量

在系统层面看，这七个标准都和判断本科学位质量有关。

正如第五章所述，一种对此的思考方式同本科教育目的有关，关注学生如何通过参与他们在学位课程中遇到的知识而发生转变。知识是本科学位转变性本质的核心，学生通过参与学科及专业知识来改变对自我的认知。这需要学生把自己的身份同自己的学科以及世界联系起来，视自己与知识存在联系。这种情况并不常常发生。这需要学生在智力上投入课程学习中，并将其视为一种教育经历，同时，这是由学生和学生教育经历质量共同决定的。正如第六章所述，可以将高质量教育经历理解为设计能让具体学生理解具体学科和／或专业知识体系的方式。也就是说，任何本科学位质量的评估标准都需要展现学位项目在满足这些目的方面的成功程度。我们需要了解学生在学位项目刚开始时具有的能力以及在毕业时发生了什么样的改变。

根据第二项原则，任何评估本科学位质量的系统都需要展现具体学位项目的质量，而不是展现院校或是学科群的质量。这一点很重要，因为有证据证明同一院校内不同学位项目的质量是不同的❷。正如我在第六章所讨论的，这是因为学位质量是受具体学位项目设计的精良程度而决定的。因此，任何评估学位质量的系统都需要提供关于单个学位的信息。

第三项原则强调需要关注学位提供的教学质量而不是学位项目有多大的名气。那么该如何去评估上述定义的教育质量呢？一种方式是通过考察学位项目设计及随时间而变的发展过程来评估教育质量。这种方式包括考察学位项目是如何经过设计来考虑在读学生，帮助学生与支撑项目的学科和／或专业知识之间形成转变性关系的。这需要考察项目团队是如何使用事实依据来评估自己的学位项目设计的有效性的。

人们可能会对此产生担心，担心这里所论述的仅仅是对学位项目设计方式的叙述性描述。这就是第四项原则发挥作用的地方了。第四项原则强调需要有多种从不同角度展现学位项目质量的评估标准。通过这种方式，学位项目需要考虑的证据要包括考察学生攻读这些学位的经历的过程评估以及考察学位项目的设计对学生学习成功影响的成果评估，还需要考察毕业生从攻读学位项目中收获了什么和收获的方式，以及他们在毕业后为社会做出了什么贡献。要想提供关于这些复杂过程和成果的证据就需要结合定量与定性的评估标准。这些不同的评估标准既可以被用作关于学位项目质量的证据，也可以被用作指导项目团队改进学位项目设计的证据。然而，如第三章所述，不能把这些评估标准结合起来构建一个单一的质量评估标准。

应该使用哪些评估标准的问题把我们带向了第五项原则，即被采用的个别评估标准或是指标，应该是集体性系统的一部分。如第六章所述，这需要把评估指标与关于高质量教育过程的观点联系起来，并表明这些评估指标是如何评估教育过程中人们认定的必要因素的。任何评估教育过程质量的标准都需要基于一种以研究为基础的高质量教学观点，还需要有一个明确的依据来判断应该纳入哪些标准，排除哪些标准❸。这样做有两点关键原因。第一，院校可能会施加压力让评估标准包含能反映它们的长处或是反映它们的院校职责，而不是教育质量。第二，政策制定者施加的政治方面的压力有可能被用于影响评估标准，让评估标准符合政策制定者当前的关注点。虽然这两种压力的存在都是可以理解的，也都可能无法避免，但是它们并不能帮助产生对教育质量进行有效衡量的标准，这意味着抵抗这种压力是很重要的。有一个明确的以研究为基础的依据来判断应该纳入哪些标准、排除哪些标准为抵抗这些压力提供了基础。如果没有这样的依据，任何对这些政治驱动而非教育驱动的标准的抵制，都很难看起来不像是代表特定高等教育利益群体而做出的诡辩。

正如第二章所述，常常受政策制定者和名校推崇的有缺陷的衡量标准之一就是以毕业生收入来评估教育质量。这很受政策制定者欢迎是因为这种评估标准展现了大学学位是如何有助于个人成功的（这在坚持学生应该承担自己的大学学位成本方面很有用），而这也很受名校欢迎，因为它们往往在这些评估标准上表现得很好❹。唯一的问题是毕业生的收入不能告诉我们任何关于大学学位教育质量的信息。相反，这些评估标准只反映了名校招收的特权学生数量，以及许多雇用者因为这些学生像他们自己一样（即有特权）而倾向从名校招聘学生。

如果希望建立一个评估学位项目教育质量的体系，那么有许多潜在框架可以用来支撑这种以研究为基础的依据。在第六章中，我提出了一组原则，但还有其他可以使用的原则❺。重要的是，无论使用哪组原则，它们都应该是从我们对于高等教育中高质量教育过程的理解中得出。

使用一组集体性的一致评估标准，要求学位项目说明自己的设计基础，让这种评估方式满足了第六项原则，即要求各院校需要改进教学质量才能提升其在质量考核系统中的表现。这是因为项目团队会被要求描述他们是如何基于现状来设计自己的项目的。这种评估项目团队如何利用现状进行学位项目设计并改进其教学质量的方式的优点在于，它可以直接导致教育质量的提升。为了描述自己学位项目的设计，项目团队将要对这些过程进行集体性反思，而这是反思性教学方式的一个重要方面❻。结合过程与结果的衡量标准可以保证学位项目设计的改变会带来学生学习成果的改变。

第七项原则是质量评估标准需要对质量提供相对简单的比较。在第四章中，我强调了注重"相对简单"是在保持简单衡量标准的吸引力的同时尝试避免由许多商业大学排名造成的具有误导性的过度简化。到目前为止，我讨论了应如何设计一个系统层面的方案来有效地捕获教学质量信息，同时促使教学质量提高，但是提供的对学位项目发展过程的描述并不会是简单的质量比较。这样的有意义的教育质量评估标准是否可以简化，像商业大学排名那样，吸引相同范围的参与者呢？显然，结合各种衡量标准形成一个单独的总分是做不到这一点的。人们常常是通过要求具体学位项目学科领域的资深大学教师对不同学位项目质量进行比较来达成这一点的。这些大学教师能够考核学位项目所提供的描述、指标的使用方式和学位项目在指标上的表现，并对其质量评分❼。这就为不同学位项目提供了相互学习优点的机会。而缺点是，这种对学位项目质量的评估方式成本会较高，特别是和成本明显较低的商业大学排名相比。但是，值得明确的是，商业排名的低成本只是表面上的。第一，这些排名常常会销售各种产品，而大学常常会为其付费，无论这些产品是宣传、咨询还是会议服务。第二，这类商业排名所提供的评估标准作为评估教育质量的标准具有很大的缺陷，所以并没有为评估本科学位项目的教育质量提供有效的替代方式。

值得说明的是，设计与实施任何系统层面的对教学质量的评估标准是很困难的。所有的系统层面方案都会存在局限，会导致意想不到的反应，也可能导致不当的激励与意外后果。然而，本书所概述的这种方法有一个巨大的优点，就是它强调了得出对教育过程与成果有意义的评估标准的困难性。它展现了为何这种评估标准只有通过大学教师、学生和其他对教育过程有贡献值的集体性对话才能建立起来，而不是表示对教学质量的考核与评估是一项公开直接的活动。把这种集体性对话放在质量考核系统的核心位置更有可能让学位质量通过考核过程得到提升。

关于这种评估高等教育质量的方式的棘手问题

关于这种判断本科教育质量的方式的棘手问题关注的是，对于什么是好大学存在着普遍共识，那我们是否需要这样的判断，是否需要更加精确纯粹的质量评估标准，这种对质量的思维方式是否会加深不平等。

当我们已经有了如此多的大学排名来告诉我们哪些大学优秀时，为什么还需要这类评估标准呢？

本书中一直批评把商业大学排名作为教育质量的评估标准，但是商业大学排名于公众对什么是好大学的认知影响很大，因此不可避免地会有一些棘手的问题产生，即大学排名比这里提出的评估标准是否更有效。

这个棘手的问题很有用，因为它突出了许多商业大学排名运作的基础，即人们对于什么是好大学有着十分固定的想法，只会接受那些和他们的既定认识相一致的排名。与这些既定认识之间的一点微小差异就可以让大学排名看起来更加严谨，这是因为如果有一两所出乎意料的院校出现在排名的顶端就会造成一种大学排名的根据不只是院校名气的假象。这一两所院校也需要是备受人们尊敬的，只是通常不会被人们视作卓越院校的代表。然而，如果某些蜚声国际的院校没有在排名的前列，那么就会让人们质疑该排名的有效性。这是证明大学的声望被误认为是高等教育质量的证据的方式。此处想说明的是，名气并不是质量的可靠指南。名校有一些学位项目有着很高的质量，而其他学位项目的质量就没那么高了，这一点对于那些远没有那么有名气的院校来说也是如此。关键在于，这些院校的名气并不能让我们能分辨出其学位项目哪些质量高、哪些质量低。这就是为什么我们需要了解具体学位项目的质量而不是院校整体的所谓质量或是声誉。

同样值得说明的是，这一问题的核心存在着一种矛盾。如果我们已经知道哪些院校是优秀的，而这一点就保证了该院校所有学位项目的质量，那么我们就不需要去评估学位项目的质量了。然而，这类问题并没有否定整个大学排名的行为，而是常常被用于为这些排名的稳定性进行辩护，并证明这些排名是如何告诉我们有意义的信息的。这类问题实际的作用是加深我们对于哪些院校能提供高质量教育的既定认识。

总之，对于这一棘手问题的回答是，要明确虽然院校名气和排名确实能告诉我们一些关于高等教育院校的信息，但是它们不能告诉我们关于院校提供的教育质量的信息。要了解教育质量，我们需要了解关于具体学位课程的信息，以及了解学位课程是如何被设计以让同学进入一种与知识的转变性关系的。

我们应怎样使用这一不精确的教育质量评估标准呢？

第二个棘手的问题展现了本章提出的考核教育方式与各种指标及大学排名所具有的表面上的精确性之间存在明显差异。要回答这一棘手的问题，值得明确的是各种指标和大学排名都是人们故意制作成精确的样子的，小数点后两位的分数似乎是经过精心校准和严格应用的，这种做法具有欺骗性。一些大学排名的排名机构甚至会雇用外聘审计员来核实他们为排名所做的考核是得当的。然而，我们应该对这种表面上的精确保持警惕。外聘审计员的报告仅仅核查了排名是否遵循了他们在编制特定的排名程序，他们丝毫不能保证排名是对教育质量的有效评估标准。这些外聘审计员的报告实际上表明，排名是重要的创收活动，其中维护排名的声誉是关键。如果不是这样的话，排名机构就不会付钱给外聘审计员来核查它们的排名了。

大学排名表面上的精确性是通过将诸如教育质量等定性因素转变为数字来实现的 ❽。接着，排名机构会把这些数字当作一个普通评估系统的一部分结合起来，而原有的数字则被顺理成章的忘掉了。虽然这些排名在表面上就像是一项团队运动中的联赛排名表 ❾，但是这是具有误导性的，因为任何一支队伍在联赛排名表中的名次都是由一个单一的因素决定的：他们与其他队伍比赛的结果。虽然在队伍打平的情况下，排名会用上额外的一两个因素，但是如果将体育运动的联赛排名表用大学排名的那种方式来计算的话，那么一支队伍在联赛中的排名应该基于下列因素的综合平均值：

- 赢局与平局数

- 进球数或得分

- 失球数或丢分

- 平均观众人数

- 犯规次数（负加权）

- 球场质量

- 场馆餐饮质量

- 排名者想要纳入的任何因素

这个例子说明了大学排名的精确性是具有误导性的，是对高等教育质量评估没有帮助的。这里提出的论点缺乏准确性，此处恰当地反映了我们可以依据现有证据作出的判断。商业大学排名中用于产生精确性的过程扭曲了其所提供的评估方式，这种扭曲程度巨大，因此我们最好选择没那么精确但更加有效的教育质量评估标准。

为什么对教育质量的评估会让教育质量得到提升？这是否降低了质量评估方式的纯粹性?

另一个棘手的问题是，为什么我们应该期待对教育质量的评估可以让教育质量得到提升？这种要求是否对评估系统的要求过高？这是否降低了评估方式的纯粹性？我对这一问题的回答是，这并不是对评估系统的一项额外要求，相反，这实际上是检验评估方式有效性的一种方式。这是因为，如果我们的评估确实能有意义的反应教学质量的行为，那么这就会带来一个直接的后果，也就是我们最终公提升教育质量。因为，如果高等教育院校严肃对待教育质量评估标准的话，它们就会尝试提高自己在评估标准上的表现。如果它们能够在不改变教育过程的情况下，通过尝试"操纵"这些评估标准，以较少的努力来提高他们的表现，那么他们就会这么做。这是因为改变整个院校的教育过程要比改变院校评估某一具体因素或向外部受众报告的方式困难得多、耗时得多、成本高得多。与实际提高所有学位项目中的教学和学习行为的质量相比，通过自上而下的管理法令可以更容易地实现这种操纵。正因如此，我们需要能真正使教育行为得到改进的评估标准。如果我们不这样做，那么我们只会鼓励大学进一步操纵评估系统，而不是提高他们提供的教育质量。

同样值得说明的是，大学排名提供的评估标准所具有的表面的纯粹性是另一项由排名者故意创造出来的因素。为了让自己的排名能取得商业上的成功，排名者需要让自己的排名看起来是对高等教育院校优越性的纯粹外部评估标准。然而，正如第五章所述，这些排名并没有它们声称的那么纯粹。这是因为高等教育院校会购买排名者提供的产品恰恰是因为院校希望这能提升自己在排名中的表现。院校会购买广告位以让自己的院校更有可能在声誉调查中被提及，院校会从排名者处购买咨询服务从而了解该如何展现自己的数据来让自己在排名中的成果最大化。这表明了大学排名产生的过程并不是自然纯粹的。它们表面上的纯粹性是作为排名制作的一部分被有意制造出来的，因为这样可以使它们对排名的消费者来说更有说服力和市场价值。

这种评估教育质量的方式是否通过误导对高等教育所知最少的人来加深了教育的不平等？

最后一个棘手的问题和第五章中的棘手的问题有着相同的逻辑基础。这又是认为对毕业生来说重要的实际上是院校名气而不是实际的教育质量。但问题的细节略有不同，因为第五章的问题的重点直接是潜在学生会受到本书对本科高等教育学位目的的观点的影响。而在本章中，问题的重点是学生会受到教育质量评估标准的误导。这两者略有区别，因为这一反对理由既涉及了雇用者也涉及了学生。这一反对理由是，雇用者使用排名和名气而不是具体学位项目质量的相关信息来评估高等教育院校的质量。由于雇佣者错误地把名气视为教育质量的反映，这一问题的反对理由是，潜在学生为了事业成功应该选择名气最大而不是质量最好的学位项目。并且，这一反对理由也可以暗示本书提出的观点更有可能误导那些对高等教育所知最少的人。这种观点暗示着具有特权的学生隐含地知道事情的真相，并会选择院校名气，而那些没有特权的学生就会受本书观点误导。那些没有特权的学生最终会获得更好的教育但是更好的教育并不能带来上名校能提供的那种机会。

这种观点也许有一点道理，但也只是有一点。第一件值得注意的事是，不是所有的雇佣者都会依靠大学排名来选择雇员。常常用于这些讨论当中的一个情景是，全球性企业校招时会收到许多人的申请，而他们需要一个快速便捷的筛选方法。的确会发生这样的情况，但是大多数毕业生都不是被全球性企业招聘的，也不是通过这种方式被筛选的[⑩]。这个例子再次说明了社会中极小一部分具有特权的社会群体获得工作的方式如何主导了我们关于应该如何评估本科教育质量的讨论。

而最重要的问题是，我们是怎样对这些具有误导性的情景作出反应的呢？我们是将它们铭记于心并围绕其来构建我们的系统，还是指出它们是以对教育质量的无效评估标准为基础的并因此具有完全的误导性？人们在这些观点上的立场取决于其在大学教育目的这一问题上的立场。如果大学教育的根本作用是让学生变得独特，并向雇用者发出标示信号，那么大学教育就不再是一项教育活动了。如果我们接受这种情况，那么名气就成了能力，名气就成了质量，因为我们假定了具有特权的学生能力最强而名气最大的院校提供的本科教育质量最高。接受这种情况的后果是进一步加深社会中的不平等，因为最具特权的学生往往能去名气最大的院校。在许多国家中，这似乎就是大学在社会中的作用，除非我们想要改变这种状况，否则，对高等教育提出一个教育性的构想就没有任何意义了。如果我们要提出教育性的构想，那么将名气同质量分解开来就十分重要了。这就使严谨而有意义的质量考核更加重要了。这不是一件靠大学排名能完成的任务。

总结

在本章中，我提出用一种具有一致性和系统性的方式来评估大学学位项目质量。我既讨论了这种方式能够对高等教育申请者的个体选择有何影响，也讨论了这种方式可以如何被用于构建一个系统层面的教育质量判断方式。我论证了这种方式需要我们实事求是地看待这类衡量标准的精确度，并且不使用与学位项目提供的教育质量无关的衡量标准十分重要。

在下一章，也就是最后一章当中，我将讨论本书总体观点对我们如何看待教育目的、教育过程及大学教育教育质量评估方式有何影响。我会讨论本书观点对大学领导人、大学工作者、学生及政策制定者的影响。

8

转变与维持大学教育

在本书最后一章当中，我会讨论为了转变与维持大学教育我们可以做些什么。本书到目前为止，已经说明了关于大学教育的主要迷思中所存在的问题，概述了其他关于大学教育的思维方式。然而，人们有可能把这些相同的思维方式看作是相互独立的方法，并不将它们视为提供了对大学教育的一种总体思维方式。为了解决这一潜在的风险，在本章中我提供了一种基于本书到目前为止的总体观点来看待大学教育的转变的方式。为了让这一设想切实可行，我接着概述了一种可以支持基于这一设想的行动的变革理论。依靠这种变革理论，我讨论了大学领导者、大学教师、学生和政策制定者能如何为大学教育的转变作出贡献。最后，我讨论了这种对高等教育的设想是否有一丝变为现实的可能，以及如果没有可能的话，为什么我们对大学教育目的、过程及质量的讨论仍然重要。

对大学教育转变的一种设想

通过本书的各个章节，我对大学教育的转变提供了一种设想。围绕大学教育目的的讨论已经被高等教育在让学生做好就业准备方面的作用的考量所主导，而这一设想就是对这种情况的一个回应。我已表明虽然让学生做好就业准备可以作为攻读学位的一个副产品，但是对这方面的考量削弱了对本科学位教育目的的核心关注。我已论述了这些教育目的与学生如何通过学习结构化知识体系得到转变，而学习结构化知识体系将改变学生对于自我、对于世界以及对于自我能力的认知。

这种关于大学教育目的的观点是另一种看待大学教育的方式的基础。这种方式并不是从个别启发式教师、最佳范例的具体方式或单一的学生经历的角度来看待大学教育的，相反，它需要大学教师与其他教育过程参与者的集体性团队来精心设计学位项目。这种设计需要基于对学生以及学生知识水平的清晰了解，基于对学位项目所关注的知识体系及如何让攻读该项目的学生学到这些知识体系的深度理解，还基于对学生通过学习这些知识体系将会变成什么样的人的了解。因此，本科学位需要有一个明确的教育目的作为基础。

如果我们以这种方式来理解大学教育，那么这就会影响我们评估这种教育的质量的标准。商业大学排名没有为评估教育过程提供一个有效的方式，这一点并不让人意外，因为商业大学排名的首要目的不是提供教育质量的公开评估方式，而是销售如广告、咨询及会议服务等商品。我们不应该把无关的评估标准结合起来组成大学排名，而是需要一系列一致的对教育质量的评估标准，这种评估标准需要以我们对大学中高质量教学与学习的了解为基础。这些评估标准需要清晰地说明具体学位项目是如何经过设计来把学生带入与知识体系的转变性关系当中的，以及这些知识体系是如何改变学生及学生在世界上的能力与身份的。

这种对大学教育的设想把学生与知识体系的关系放在了高等教育的核心位置。这一设想要求要清晰了解学生以往的知识水平和经历，强调清楚学生是如何获得这些知识体系以及为这些知识体系所改变的重要性。

然而，值得承认的是，这种看待高等教育教育目的、教育过程及教育质量的方式并没有在有关高等教育的公众讨论中得到广泛认可。那么，要使这种看待大学教育的方式在有关高等教育的公众讨论中产生更大的影响，我们能够做些什么呢？对这一问题的回答有两个方面。首先，为了创建一种能达到持续变革的计划，我们需要考量支撑这一计划的变革理论。其次，根据这一理论，我们可以得出大学教育的转变的一条宣言。

变革理论

政策、实践甚至是宣言都是基于变革理论的。在这一语境当中，"理论"一词并不是指宏大的理论或叙事❶，而是指支撑政策制定者、院校领导者及从业者思考的前提假设，这些前提假设可以让这些人认为某些行为会带来具体的成果❷。例如，当提出一项计划时，是因为这项计划预期会带来具体的后果才提出的❸。正是变革理论将计划与预期成果联系了起来。一个具有启发性的做法是采取一项政策，考虑该政策对当下情况的描述、该政策想要如何改变事物以及这些改变会带来哪些预期成果。这可以为分析该政策的变革理论是否具有说服力提供基础。

变革理论通常是隐含的，这意味着它们往往没有经过批判性的分析，因此它们通常也是薄弱的。人们常常忽视的一个方面是我们需要考虑这些变革理论在哪个层面运作。在思考如何改变个人、如何改变院校以及如何改变系统时，我们需要不同的变革理论❹。本书聚焦于在高等教育系统层面对转变大学教育方式进行讨论。大多数情况下，旨在改变教育系统的计划都以关注改变个人或院校的变革理论为基础，并期待这些变革能扩大到系统层面。

例如，在第三章中，我讨论了新计划是如何经常性的通过受慷慨资助的试点项目而提出的，而这些试点项目在之后会转变为"最佳范例"的模范，鼓励其他人采用这些新的计划。这是一种十分薄弱的变革理论，人们称为"传染式"变革理论❺。这种观点认为如果可以找出"最佳范例"，对之予以赞颂，那么这些范例就会"传染"整个系统，带来持续的变革。然而，这类方法往往带来的结果是，它们对于那些获得机会改进自己教育实践的个人教育爱好者来说益处良多，但是这些爱好者就算没有受资助也可能会如此进行变革。他们并不会导致全系统的变革，而一旦资助结束，爱好者就会转向新的事物。即便如此，政府和院校还是经常使用这样的方法，希望这能带来系统层面的变革❻。

在一些高等教育体系中，有一种变革理论变得越来越重要，它侧重于引入类似市场的机制来支持变革❼。这种理论认为，如果学生可以成为自己大学教育的消费者，那么学生就会选择质量最高的教育，而且院校之间为争夺学生而进行的竞争也会让高等教育的质量得到提升。提供高质量教育的院校会得到扩张，而那些教育质量糟糕的院校就会生意惨淡❽。这里存在的一个问题是，正如在第四章和第七章中讨论入学排名时我所说的，这种竞争更可能让院校关注通过营销与名誉管理保持院校名气，而不是关注教育质量的提升。这个问题的一部分与提供有效的教育质量评估标准的难度有关。另一个问题是几乎没有证据表明潜在学生会以这种变革理论中所假定的那种方式来选择学位项目❾。这可能意味着虽然高等教育体系花了大量时间与精力来提供信息，但是申请者却几乎不会使用。

这仅仅只是两个薄弱的变革理论的例子，其他的例子还有很多❿。例如，另一种观点认为采用新科技一定会改变人们做事的方式。多年来，人们作出了许多关于科技将如何转变教育的论断，但却从来没有实现过。例如，有人宣称大规模在线开放课程（慕课）预示着讲座与面对面教学方式的消亡，就如同在20世纪70年代时有人认为电视会消亡一样⓫。

所有上述讨论的变革理论的薄弱之处在于它们没有考虑任何新计划、竞争或是科技都会被使用者进行重新诠释。这些重新诠释往往和引入这种变革的目的是不一致的。人们常常把这些重新诠释视为一种问题或是变革没有成果的一个信号。然而，这是错误的。要想让变革成功，相关者必须要靠自己作出变革。他们需要重新诠释变革理论，把变革理论同自己当前的工作方式联系起来。因此，如果我们想要转变大学教育，我们就需要有一种变革理论，把重新诠释的过程视为变革过程中的一个必要部分，而不是将其看作一种需要减少和严格控制的扭曲形式。这样一来，一个关于大学教育的转变的变革理论就需要把任何变革都是由相关者完成的这一理念放在核心位置。

这种变革理论是大学教育的变革宣言的基础，并且正如我下文所概述的，其是建立于对知识在教育过程中转移方式的理解❶。通过学术研究得到的知识在进入到课程之中时不会保持一种纯粹的形式。相反，这种知识在变为课程的过程中会得到转变❸。这种情况发生的原因在于，不同人对于课程中应该包含哪些元素有着不同的看法。这些不同的看法有许多不同的来源。例如，参与学位项目教学中的大学教师根据自己对学科的看法、对自己认为有价值的教育的本质的看法，产生对应该教授什么知识的不同看法。这种情况并不少见，如一些大学教师会在学位项目重新设计时拒绝改变自己所讲的模块。他们的成功程度将取决于一系列的因素，包括参与这个过程的其他人认为他们有多少权力、有什么样的权力。这些关于课程应包括哪些内容的争论和妥协，意味着其基础逻辑与研究中得到的知识的基础逻辑不同。

值得说明的是，这些争论与分歧并不是说知识受到了扭曲，存在这样的分歧完全是合情合理的。更应该说是课程的产生导致了一种不同于研究的知识形式，而其他的声音也会影响课程：例如，课程所处院校会对不同的课程元素有着管理规定，如要求组织考核的方式需要是学位项目的一部分。批准学位设立的专业部门可能会要求学位教授某些内容，并要求学生有在特定类型的学习环境中学习的经验，如在工作场所的实习或在实验室工作的时长。所有这些声音和其他声音都有助于将知识转变为课程，从而使其具有不同于它所依赖的学科及专业知识体系的逻辑基础。

当学生开始参与到课程当中时，课程本身就会产生转变。在学习课程时，学生会把与课程知识的接触同自己以往的经历与理解联系起来。同样地，人们不应该把这看作一种扭曲，而是应该将其视为学生将知识内化于心的一个必要过程。这种重新诠释也使得知识随时间、空间而改变。如果人们不对知识进行重新诠释，那么我们永远也不会有新的见解，不会把以往毫无关联的想法联系起来，也不会以新的方式来看待熟悉的事物，无论其是一种病、一篇文章还是一个机器。然而，这并不意味着所有对知识的诠释都是具有同等的有效性的。知识具有一种相互关联的结构，而教育过程的一部分就是要让学生将自己与知识的个人接触同这种结构联系起来。这意味着，虽然学习知识的过程会导致知识含义的改变，但是有些对知识的诠释是无效的。由此产生的学生对知识体系的个人理解与教师的理解之间的关系是教育过程中最重要和最有趣的因素之一。教师的一个关键作用是帮助学生得出对课程所含知识的有效诠释。

这种看待变化的方式对一条关于大学教育转变的宣言有四种影响。

第一，它强调，对于大学教育目的存在着不同的观点，而尊重这些不同观点的合理性十分重要。因此，想要提出一种关于大学教育的具体观点，一件十分重要的任务是考虑这种观点如何与其他观点相关联，考虑观点之间的差异能否消弭，或者是否应该保持紧张关系。它也强调了考虑参与者将其对大学教育目的的观点强加给他人时的权力差异的重要性。

第二，这意味着清楚了解为什么大学教育的转变是一件十分重要的事。这是因为，这可以让我们了解在不削弱大学教育核心承诺的情况下有多大的操作空间。清晰了解这一问题同样可以帮助管理不同参与者重新诠释大学教育的方式。此处的关键挑战在于，要密切关注哪些重新诠释是一致的，而哪些重新诠释最后会扭曲并削弱大学教育转变的核心目的与承诺。这说明，与其对大学教育转变的相关过程进行微观的管理，不如保持对大局以及变革意图的认识，而不是过度关注所采取的路线。

第三，理解这一看待方式的一种方法是，阐明大学教育的转变所要实现的广泛原则和结果，然后与相关者讨论他们的行动如何与这些原则和结果相一致。显然，需要注意防止这一过程最终仅仅变成"营销话术"和门面功夫。通过确保有证据来证明实践是如何与原则及结果相一致的，就可以实现这一点。然而，重要的是要认识到，这将涉及关于什么是有效证据的讨论和辩论。

第四，如果大学教育的转变成功了，那么其含义可能在转变过程中发生变化。这就表明了这一过程的结果是不确定的。如果相关者要在塑造大学教育方面拥有有意义的发言权，那么认识到这一点就十分重要。这也意味着，改变的过程通常是持续不断的，而不是只在一段固定时间内发生。这一点有两个重要方面。首先，我们需要对可行之事有着实事求是的预期，不要最后把改变的成果同一些无法实现的理想相比较。其次，我们需要对用于推动大学教育转变的策略进行定期反思。用于推动转变的策略变得过时是十分常见的一件事。曾经看起来激动人心与新奇的事会变得稀松平常、呆板老套、过于官僚。这就是为什么着眼于大局十分重要。重要的不是任何用于大学教育转变的具体机制，而是我们是否走在正确的方向上。经常出现的一种情况是，实现转变的方式被误认为就是预期的结果，这会导致一种过度追求服从性的氛围。这会激起抵触情绪，失去创造大学教育转变的理由。

总的来说，这种变革理论强调大学教育的转变将试图让对大学教育目的持有不同观点的参与者团结到一起，同时让他们明确大学教育的核心教育承诺与目标。这些会以广泛原则的形式呈现出来，同时也承认满足这些原则的方式可能会因时而异，而这些原则本身也乐于改变。这意味着，这种变革理论的核心是承认变革过程的动态本质。

关于大学教育转变的一条宣言

鉴于前文概述的变革理论，现在将其用于得出一条关于大学教育转变的宣言似乎有些矛盾。虽然这种变革理论强调重新诠释与变化，但是宣言是用来为行动给出实际的建议的。在概述不同人群应该对大学教育的转变作出什么贡献时，哪有诠释与辩论的空间呢？宣言的语气无疑是像指令一样的，但是这种语气有一个优点：当潜在的行动方针被阐明清楚时，比起模糊不清的情况，人们更容易进行讨论和重新诠释。提供明确宣言的目的在于，为其他人提出反对意见和提供替代方案留下空间，而当其躲在警告的外表之下时，就产生危险了，因为面对任何反对意见，都可以通过说该意见是对宣言的误解或者该意见所反映的正是宣言一直以来的目的。正如我在绪论中所指出的，这就是本书的核心目的是引起反应和激起讨论，而不是为变革提供一份操作图谱的原因。以这种方式理解宣言很重要，因为宣言所建议的行动是否会被采纳，甚至采纳后是否会使事情朝着积极的方向发展，都是不确定的。

大学领导者

正如全书所示，许多大学以及这些大学的领导者在促进本科学位经济理念的主导地位上起着积极作用。他们大肆鼓吹自己在商业大学排名中的表现❶；他们告诉政策制定者大学是培养员工和世界公民最好的方式；他们宣扬自己的毕业生拿到的薪水。许多大学领导者知道提出这些论断并不是以任何可信的证据为基础的，他们也明白大学排名具有很大本质上的缺陷。他们往往清楚本科学位的教育本质，知道其与提供给政策制定者、雇佣者、潜在学生以及学生家人的关于通用技能的描述有何差别。但这不就只是营销吗？它又不像真正的研究工作那样重要，不是吗？对于这种情况最正面的解释是，大学领导者在"翻译"大学所提供的东西，好让政策制定者、雇佣者和学生能理解。然而，他们需要承认这种翻译附带着高昂的成本，也就是对大学教育教育目的的扭曲。正如第三章所述，从毕业生溢价和毕业生属性的角度来看待本科学位目的最终会动摇对大学学位的承诺、对学术性大学教师的承诺、对作为教育机构的大学的承诺。

正如上一节所述，并不是这种翻译本身有问题，而是接受这些动摇我们的核心教育目的的翻译并积极进行宣传的行为有问题。大学领导者需要明白他们在教育方面的目的，不要再用那些会动摇这种目的的翻译描述自己的行为。因此，大学领导者需要重申本科高等教育的教育目的。他们需要少说些空话，少宣称自己如何让学生为工作做准备。他们需要更加了解大学所能提供的事物的局限性，而不是去暗示只要政策制定者为他们提供了正确的资助，那么他们就能够解决政策制定者扔来的任何挑战。大学领导者需要更有力地反对商业大学排名的排名方式，不再为这类行为提供数据。他们同样需要停止购买商业大学排名提供的服务，别再要通过品牌知名度来提升自己声誉的把戏。他们需要对潜在学生更加诚实，告诉潜在学生大学排名提供给他们的关于学位项目质量的信息所具有的局限性，并为这些学生提供了解自己学位项目质量的其他方式。

而在自己的院校中，大学领导者需要停止使用大学排名作为自己院校和员工表现的评估标准。他们需要关注与他们作为院校所要实现的独特目标有关的评估标准，而不是关注那些仅仅把自己与其他院校进行比较的评估标准。而这一建议包含的一个部分是，他们需要领导并鼓励院校层面的对话，讨论自己的大学想要通过提供的教育达到什么目标。这些对话需要让所有教育过程的相关者都参与其中，把集体设计能够通过学生与知识的接触来改变学生的课程放在核心位置。

有些人可能会认为任何院校领导者都不可能表明这样的立场。显然，在有人这样做之前，这确实不会发生，而且表明这样立场的人很可能也不会成功，除非大学中有着认为他们的教育应该以有意义的方式接受评估的集体意志。对于许多大学来说，同样还有着许许多多的既得利益者阻碍着他们。鉴于最有名气的院校能从当前名气压过质量这一现象的主导地位中获益最多，它们迟迟不肯揭露当前质量评估标准毫无意义也就可以理解了。然而，这并不意味着这是正确的行为，同时，鉴于当前将名气误认为质量的形势，这些院校就更应该用自己的特权来挑战这些具有误导性的评估标准，创建关于所提供教育的目的的包容性对话。否则，任何向商业排名发出的挑战都可以被当作是出于对院校的嫉妒而不被考虑，并不会被当成是对教育质量毫无意义的评估标准的原则性反对。类似地，想要转变大学教育的尝试可能会被贬低为低质量院校的潜在营销机会，而不是精英院校应有的举动。

大学工作者

大学工作者需要确保他们严肃对待给学生提供学习转变性知识的机会[15]。许多大学工作者已经做到了这一点，但是他们花时间思考自己应如何帮助所有自己的学生学习这种知识也是十分关键的。对于大学教师来说，要做到这一点需要严肃对待课程设计与教学，而不是把这当作大学官僚主义对自己学术自由的侵占。同样地，那些从事着其他工作的人需要思考自己的行为与为学生提供转变性教育有何联系。我们需要承认有许多学生会因为管理人员与支助工作人员没有提供关心与支持而中断学业。当大学管理与学生资助工作有效进行时，它们在确保学生成功完成学位项目并因为学习知识而转变方面起着关键作用。

大学教师对创建这样一种环境有着更大的责任。他们的责任源于他们作为学生在学习中接触到的知识体系的管理人身份。他们有责任为学生展示这种知识为何是重要强大的，展示这种知识能够让学生具有什么样的能力。大学教师同样有责任为广大社会分析这种知识的潜力。作为知识管理人，大学教师需要挑战院校与政策制定者，为这些知识体系辩护。这不是说要让他们去诡辩，而是说去谦逊地 ❶ 表明要让学生和广大社会能学习到这种强大的知识需要什么。这种谦逊的一个关键因素是不要夸大这种知识的影响，夸大其转变学生与社会的潜力，或者夸大为他人提供学习这种知识的机会所需要的资源。这需要提出基于研究的观点来支持这些知识体系，而不是去编制所需资源的购物清单。

有人可能会反驳说，呼吁对大学领导和政策制定者进行问责故意无视了他们和大学工作者之间的权力差异。然而，大学教师是世界上受教育程度最高的劳动力。如果他们无法找到挑战关于高等教育教育目的的有害观点的方法，那么世界上的其他人在应对全球面临的挑战时又将有什么希望呢？需要明确的是，在世界上的某些院校和社会中，学术自由大受限制，以至于挑战关于高等教育教育目的的有害观点是不可能做到的。但是，在学术自由没有受到限制的大学中，建立起关于大学教育性质的讨论是有很大的可行性的。

学生

学生在大学经历中的某些方面具有消费者的身份。当学生在大学里购买食物或是缴纳住宿费时，他们显然属于消费者。然而，他们并不是自己教育的消费者。他们是教育过程中的积极合作伙伴，产生对所学知识的新见解。正因为学生扮演着这样的角色，所以他们需要严肃承担起自己的教育责任。他们需要学习知识，并期待这能够改变自己。他们还需要通过询问学位项目设计的基础，要求这些项目对所有学生都有包容性，从而使院校承担起责任。

在这种看待大学教育的观点中，学生与知识的接触显然是被置于教育经历的核心位置的❶。接着，从与知识的接触中会衍生出大学的其他作用。他们作为学生代表参与教育院校和课程设计的前提是他们与知识的接触。正是这种与知识的接触使他们具有了学生的地位。

这种对学生的看法似乎会与关于大学课程去殖民化的讨论存在着矛盾之处，这些讨论聚焦于高等教育课程是否仅反映了白人及西方对于有效知识的观念。要求去殖民化已经成为全球许多高等教育体系中突出的议题❶。这些问题都很重要，而本书中的承诺会引向在这些辩论中的一个特定立场。

重要的是，在创办课程时，大学教师应该反思自己的知识，并考虑自己的知识在多大程度上排除了某些经验和特权。本书认为，课程设计需要严肃考虑学生身份，而这种观点暗示了这是学生会参与其中的一种过程。这样的话，课程设计过程就应该考虑如何让所有学生都能学到知识，并纳入考验设计过程成果程度的机制。若是有学生感觉受到大学知识或是文化的排挤，那么课程设计就需要认识到这是一个亟待解决的教育问题，而大学则需要通过与学生和员工进行对话来解决这一问题，而不是将其看作是学生的问题，或者看作是因为扩大招生范围而导致课程标准降低的可悲反映。人们需要讨论课程中应包含哪些知识，应该认可哪些人的声音与经历。这类讨论可能会充满痛苦与不确定，但是提供教育的一部分职责就是能够解释课程设计的原因，并基于对学生参与课程经历的新了解来修改课程设计。

政策制定者

这种理解大学教育转变的方式给政策制定者提出的任务是，他们需要关注学生攻读学位应如何支持一个包容性社会的发展。这意味着高等教育不是关于区别的而是关于包容的。高等教育不关乎毕业生的薪水而关乎毕业生为自己所处社会的凝聚力所作出的贡献。显然，就业成果也属于上述贡献的一个因素，但是也仅仅是一个因素。毕业生如何通过自己的事业为社会做出奉献远比其收入更加重要。

这种关注包容而非区别的方式意味着政策制定者需要关注整个高等教育系统的健康状况，而不是关注他们有多少所大学排名全球前100。它关乎所有学生获得的教育质量，而非为少数精英提供的精英教育的名气。这意味着他们应该关注他们的政策如何影响高等教育系统的可持续性和能力，而不是这些政策如何影响一些十分张扬且极具特权的院校。在建立评估大学教育质量的系统时，政策制定者需要专注于创建有效的教育质量评估标准而不是评估院校名气的标准。

要做到这些，政策制定者还需要认识到高等教育仅靠自身能做到的事情的局限。作为包含中小学与职业教育的广大教育系统中的一部分，大学可以在推动建设一个更加包容的社会方面发挥重要作用。然而，大学仅仅依靠自身的话，所能做到的事就很少了。此处的一个关键因素是大学如何与社会分享知识，并用自己所掌握的知识来与高等教育之外的社区合作。这需要思考大学有何优点与特长❶，思考毕业生如何在社会中与他人合作，并以全新且令人激动的方式运用所学到的知识。

这些为何很重要？

人们可能认为前文提出的宣言过于乐观，无可救药。大学领导者不可能会去回避大学排名。大学教师、管理人员以及支助工作人员身上已经有着太多的工作，受到了太多的管制了，所以不能抵抗作秀式评估标准的洪流。要期望学生承担重担，从教育方面思考自己的学位项目也是不公平的，而政策制定者则永远不会为了支持转变性与包容性的大学教育而冒险去疏离有名气的院校，因为他们可能就是从这些学校毕业的。即便是所有的参与者都怀有最大的善意，全球化与全球竞争带来的压力也让我们永远不能维持大学教育的转变。

虽然这些观点之下存在着一种失败主义者的沮丧态度，但是要知道大部分宣言都不会变为现实。本文的宣言无疑也会这样。那本书提出关于大学教育的转变的观点又有何意义呢？

本书提出观点的重要性来源于对教育之于社会的作用的思考。我们越来越需要思考教育如何在各个层面上让我们成为人类 ❷。当今世界面临着许多挑战，尽管这些挑战的性质和严重程度因具体情况而异，但要过上正直而信守承诺的生活是极其困难的。然而，这并不是新鲜事。生活一直十分困难，并且会一直这样困难。对于教育来说重要的是，教育让我们能学到知识，学到能让我们以不同的方式看待自我与世界的知识。教育能让我们发生转变，让我们的能力发生转变。但教育若要做到这一点的话，我们就要乐于接受教育提供的知识，不夸大这种知识的能力，真诚面对我们在理解这种知识的含义以及这种知识如何与他人与周遭的世界联系起来时所遭遇的困难。

教育过程永远是不确定的。学生与大学教师都并不能总是真正理解，而通过学习知识收获的成果有时会是痛苦而有害的。但这就是做人的一环，没有与知识的丰富接触，我们就远不能发挥自己的潜能。这并不意味着我们应该对那些没有机会学习知识的人趾高气昂或嗤之以鼻，而是应该让他们参与到对话中，讨论这些知识能给他们带来什么。正是这种对追求知识、与他人分享、同他人一起加强自己对知识改变世界的能力的理解的承诺，才是大学教育转变的核心。

参考文献

［1］Ahlburg, D. A. (ed.). (2018). *The Changing Face of Higher Education: Is There an International Crisis in the Humanities?* London: Taylor & Francis.

［2］Altbach, P. G., & Hazelkorn, E. (2018). Can we measure education quality in global rankings? *University World News*, 14 August 2018.

［3］Altbach, P. G., Reisberg, L., & Rumbley, L. E. (2019). *Trends in Global Higher Education: Tracking an Academic Revolution*. Rotterdam: UNESCO and Sense Publications.

［4］Alvesson, M., Gabriel, Y., & Paulsen, R. (2017). *Return to Meaning: A Social Science with Something to Say*. Oxford: Oxford University Press.

［5］Ambrose, S., Bridges, M. W., DiPietro, M., Lovett, M. C., & Norman, M. K. (2010). *How Learning Works: Seven Research-Based Principles for Smart Teaching*. San Francisco: John Wiley and Sons.

［6］Arum, R., & Roksa, J. (2011). *Academically Adrift: Limited Learning on College Campuses*. Chicago: University of Chicago Press.

［7］Ashwin, P. (2002). Implementing peer learning across organisations: The development of a model. *Mentoring & Tutoring*, 10 (3), 221–231.

［8］Ashwin, P. (2003). Peer support: Relations between the context, process and outcomes for the students who are supported. *Instructional Science*, 31, 159–173.

［9］Ashwin, P. (2005). Variation in students experiences of the Oxford tutorial. *Higher*

Education, 50, 631-644.

[10] Ashwin, P. (2006). Variation in academics accounts of tutorials. *Studies in Higher Education*, 31, 651-665.

[11] Ashwin, P. (2009). *Analysing Teaching-Learning Interactions in Higher Education: Accounting for Structure and Agency*. London: Continuum.

[12] Ashwin, P. (2014). Knowledge, curriculum and student understanding in higher education. *Higher Education*, 67, 123-126.

[13] Ashwin, P. (2015). Missionary zeal: Some problems with the rhetoric, vision and approach of the AHELO project. *European Journal of Higher Education*, 5 (4), 437-444.

[14] Ashwin, P. (2017). What is the Teaching Excellence Framework in the United Kingdom, and will it work? *International Higher Education*, (88), 10-11.

[15] Ashwin, P. (2018). TEF 2018: Can students trust the gold standard?*Times Higher Education*, 6(June).

[16] Ashwin P. (2020). How student-centred learning and instruction can obscure the importance of knowledge in educational processes and why it matters. In S. Hoidn & Manja Klemencic (eds)*Routledge Handbook on Student-Centred Learning and Instruction in Higher Education*. London: Routledge.

[17] Ashwin, P. (2020a). Principles for developing effective approaches to system-wide teaching excellence. In C. Callender, W. Locke, & S. Marginson (eds) Changing higher education for a changing world. London: Bloomsbury.

[18] Ashwin, P., & McVitty, D. (2015). The meanings of student engagement: Implications for policies and practices. In A. Curaj, L. Matei, R. Pricopie, J. Salmi, & P. Scott (eds) *The European Higher Education Area*. Dordrecht: Springer International Publishing (pp. 343-359).

[19] Ashwin, P., & Sweetman, R. (2016). Exploring the limits of learning outcomes: The

case of international comparisons. *Consortium of Higher Education Researchers (CHER) Annual Conference*, 5–7 September 2016, Queens' College, Cambridge.

[20] Ashwin, P., Abbas, A., & McLean, M. (2014). How do students' accounts of sociology change over the course of their undergraduate degrees? *Higher Education*, 67, 219–234.

[21] Ashwin, P., Abbas, A., & McLean, M. (2015). Representations of a high-quality system of undergraduate education in English higher education policy documents. *Studies in Higher Education*, 40, 610–623.

[22] Ashwin, P., Abbas, A., & McLean, M. (2016). Conceptualising transformative undergraduate experiences: A phenomenographic exploration of students' personal projects. *British Educational Research Journal*, 42 (6), 962–977.

[23] Ashwin, P., Abbas, A., & McLean, M. (2017). How does completing a dissertation transform undergraduate students' understandings of disciplinary knowledge? *Assessment & Evaluation in Higher Education*, 42 (4), 517–530.

[24] Ashwin, P., Boud, D., Calkins, S., Coate, K., Hallett, F., Light, G., MacLaren, I., Martensson, K., McArthur, J., McCune, V., McLean, M., & Tooher, M. (2020). *Reflective Teaching in Higher Education*. Second Edition. London: Bloomsbury.

[25] Astin, A. W. (2016). *Are You Smart Enough?: How Colleges' Obsession with Smartness Shortchanges Students*. Striling, Virginia: Stylus Publishing, LLC.

[26] Ausubel, D., Novak, J., & Hanesian, H. (1978). *Educational Psychology: A Cognitive View*. Second Edition. New York: Holt, Rinehart and Winston.

[27] Avvisati, F., Jacotin, G., & Vincent-Lancrin, S. (2014). Educating higher education students for innovative economies: What international data tell us. *Tuning Journal for Higher Education*, 1 (1), 223–240.

[28] Bachan, R. (2017). Grade inflation in UK higher education. *Studies in Higher*

Education, 42（8）, 1580−1600.

［29］Badat, S.（2016）. Redressing apartheid's legacy of social exclusion: Social equity, redress and admission to higher education in South Africa. *One World, Many Knowledges: Regional Experiences and Cross−Regional Links in Higher Education*, *71*.

［30］Baillie, C., Bowden, J., & Meyer, J.（2013）. Threshold capabilities, threshold concepts and knowledge capability linked through variation theory. *Higher Education*, 65, 227−246.

［31］Behari−Leak, K., & McKenna, S.（2017）. Generic gold standard or contextualised public good? Teaching excellence awards in post− colonial South Africa. *Teaching in Higher Education*, 22（4）, 408−422.

［32］Bernstein, B.（2000）*Pedagogy, Symbolic Control and Identity: Theory, Research and Critique*. Rev. ed. Oxford: Rowman and Littlefield Publishers.

［33］Biesta, G.（2010）. *Good Education in an Age of Measurement: Ethics, Politics, Democracy*. London: Routledge.

［34］Blasko, Z., Brennan, J., Little, B., & Shah, T.（2002）. *Access to What: Analysis of Factors Determining Graduate Employability*. London: HEFCE.

［35］Bligh, D.（2000）. *What's the Use of Lectures?* Bristol: Intellect Books. Blumenstyk, G.（2015）. *American Higher Education in Crisis? What Everyone Needs to Know*. Oxford: Oxford University Press.

［36］Boliver, V.（2013）. How fair is access to more prestigious UK universities? *The British Journal of Sociology*, 64（2）, 344−364.

［37］Boud, D., Ajjawi, R., Dawson, P., & Tai, J.（2018）. *Developing Evaluative Judgement in Higher Education: Assessment for Knowing and Producing Quality Work*. London: Routledge.

［38］Bourdieu, P., & Passeron, J.−C.（1990）. *Reproduction in Education, Society and*

Culture. Translated by R. Nice. Second Edition. London: Sage.

[39] Bowden, J., & Marton, F. (1998). *The University of Learning*. London: Kogan Page.

[40] Boyer, E. (1990). *Scholarship Reconsidered, Priorities of the Professoriate*. Stanford: Carnegie Foundation for the Advancement of Teaching.

[41] Bradbeer, J., Healey, M., & Kneale. P. (2004). Undergraduate geographers' understandings of geography, learning and teaching: A phenomenographic study. *Journal of Geography in Higher Education*, 28, 17−34.

[42] Brennan, J., & Magness, P. (2019). *Cracks in the Ivory Tower: The Moral Mess of Higher Education*. Oxford: Oxford University Press.

[43] Brink, C. (2018). *The Soul of a University: Why Excellence Is Not Enough*. Bristol: Policy Press.

[44] Cantwell, B., Marginson, S., & Smolentseva, A. (eds). (2018). *High Participation Systems of Higher Education*. Oxford: Oxford University Press.

[45] Caplan, B. (2018). *The Case against Education: Why the Education System Is a Waste of Time and Money*. Princeton: Princeton University Press.

[46] Carrigan, F. (2019). Spoon−feeding universities infantalises students. *Financial Review*, 17 June 2019.

[47] Case, J. M., Marshall, D., & Fongwa, S. (2018). Post−graduation trajectories of young South Africans. In P. Ashwin & J. Case (eds) *Higher Education Pathways*. Cape Town: African Minds (pp. 232−244).

[48] Cheong, K. C., Hill, C., Fernandez−Chung, R., & Leong, Y. C. (2016). Employing the 'unemployable': Employer perceptions of Malaysian graduates. *Studies in Higher Education*, 41 (12), 2253−2270.

[49] Chetty, R., Friedman, J. N., Saez, E., Turner, N., & Yagan, D. (2017). *Mobility Report Cards: The Role of Colleges in Intergenerational Mobility*. NBER Working

Paper 23618. Cambridge, MA: National Bureau of Economic Research.

［50］Chickering, A., & Gamson, Z. (1987). Seven principles for good practice in undergraduate education. *American Association for Higher Education Bulletin*, March 1987, 3–7.

［51］Civitas Learning (2019). *What Really Works: A Review of Student Success Initiatives*.

［52］Clotfelter, C. T. (2017). *Unequal Colleges in the Age of Disparity*.

［53］Cambridge, MA: Harvard University Press.

［54］Connell, R. (2019). *The Good University: What Universities Actually Do and Why Its Time for Radical Change*. London: Zed Books Ltd.

［55］Conference of Ministers Responsible for Higher Education (2015). *Yerevan Communiqué*. Yerevan: Conference of Ministers Responsible for Higher Education.

［56］Davidson, C. (2017). *The New Education: How to Revolutionize the University to Prepare Students for a World in Flux*. New York: Basic Books.

［57］De Gayardon, A. (2019). There is no such thing as free higher education: A global perspective on the (many) realities of free systems. *Higher Education Policy*, 32 (3), 485–505.

［58］Department for Business Innovation and Skills (BIS) (2015). *Fulfilling Our Potential: Teaching Excellence, Social Mobility and Student Choice*. London: Department for Business Innovation and Skills.

［59］Dias Lopes, A. (2017). Affirmative action in Brazil: How students' field of study choice reproduces social inequalities. *Studies in Higher Education*, 42 (12), 2343–2359.

［60］Dore, R. (1976). *The Diploma Disease: Education, Qualification and Development*. Berkley: University of California Press.

［61］Dougherty, K. J. (2018). Higher education choice-making in the United States:

Freedom, inequality, legitimation. In *Centre for Global Higher Education Working Paper 35*. London: Centre for Global Higher education.

［62］Efimenko, E., Roman, A., Pinto, M., Remião, F., & Teixeira, P.（2018）. Enhancement and recognition of teaching and learning in higher education. *Journal of the European Higher Education Area*, 2, 99-118.

［63］Elton, L.（2001）. Research and teaching: Conditions for a positive link. *Teaching in Higher Education*, 6（1）, 43-56.

［64］Elton, L.（2003）. Dissemination of innovations in higher education: A change theory approach. *Tertiary Education and Management*, 9（3）, 199-214.

［65］Elton, L.（2004）. Goodhart's Law and performance indicators in higher education. *Evaluation & Research in Education*, 18（1-2）, 120-128.

［66］Elton, L.（2008）. Recognition and acceptance of the scholarship of teaching and learning. *International Journal for the Scholarship of Teaching and learning*, 2（1）, 2.

［67］Entwistle, N.（2018）. *Student Learning and Academic Understanding: A Research Perspective with Implications for Teaching*. London: Academic Press.

［68］Espeland, W., & Sauder, M.（2016）. *Engines of Anxiety: Academic Rankings, Reputation, and Accountability*. New York: Russell Sage Foundation.

［69］Frank, J., Gowar, N., & Naef, M.（2019）. *English Universities in Crisis: Markets without Competition*. Bristol: Bristol University Press.

［70］Friedman, S., & Laurison, D.（2019）. *The Class Ceiling: Why It Pays to Be Privileged*. Bristol: Policy Press.

［71］Gigliotti, R. A.（2019）. *Crisis Leadership in Higher Education: Theory and Practice*. New Brunswick: Rutgers University Press.

［72］Gibbs, G.（2010）. *Dimensions of Quality*. Higher Education Academy.

［73］Gibbs, G.（2013）. Lectures don't work, but we keep using them. *Times Higher*

Education, 21.

[74] Gao, F., & Ng, J. C. K. (2017). Studying parental involvement and university access and choice: An 'interacting multiple capitals' model. *British Educational Research Journal*, 43 (6), 1206−1224.

[75] Going to university is more important than ever for young people (3 February 2018). *The Economist*.

[76] Goodhart, C. A. (1984). Problems of monetary management: The UK experience. In *Monetary Theory and Practice*. London: Palgrave (pp. 91−121).

[77] Grambs, J. D. (1952). The sociology of the 'born teacher'. *The Journal of Educational Sociology*, 25 (9), 532−541.

[78] Guile, D., & Unwin, L. (2019). *The Wiley Handbook of Vocational Education and Training*. Hoboken, NJ: John Wiley & Son.

[79] Hartlep, N. D., Eckrich, L. L., & Hensley, B. O. (eds). (2017). *The Neoliberal Agenda and the Student Debt Crisis in US Higher Education*. London: Taylor & Francis.

[80] Hazelkorn, E. (2015). *Rankings and the Reshaping of Higher Education: The Battle for World−Class Excellence*. Second Edition. New York: Palgrave Macmillan.

[81] Hazelkorn, E. (ed.). (2016). *Global Rankings and the Geopolitics of Higher Education: Understanding the Influence and Impact of Rankings on Higher Education, Policy and Society*. London: Taylor & Francis.

[82] High Fliers. (2018). *The Graduate Market in 2018: Research Report*.

[83] Holmes, L. (2004). Challenging the learning turn in education and training. *Journal of European Industrial Training*, 28 (8/9), 625−638.

[84] Huxley, G., & Peacey, M. (2019). Getting intense about teaching intensity: Why contact hours and class sizes do matter. intense−about−teaching−intensity/. Last accessed 19/10/2019.

［85］Jack, A. A. (2019). *The Privileged Poor: How Elite Colleges Are Failing Disadvantaged Students*. Cambridge, MA: Harvard University Press.

［86］Jackson, D. (2014). Testing a model of undergraduate competence in employability skills and its implications for stakeholders. *Journal of Education and Work*, 27 (2), 220–242.

［87］Jerrim, J., & Vignoles, A. (2015). University access for disadvantaged children: A comparison across countries. *Higher Education*, 70 (6), 903–921.

［88］Jerrim, J., Chmielewski, A. K., & Parker, P. (2015). Socioeconomic inequality in access to high–status colleges: A cross–country comparison. *Research in Social Stratification and Mobility*, 42, 20–32.

［89］Johnes, J. (2018). University rankings: What do they really show? *Scientometrics*, 115 (1), 585–606.

［90］Kennedy, J. V., Castro, D., & Atkinson, R. D. (2016). *Why It's Time to Disrupt Higher Education by Separating Learning from Credentialing*.

［91］Kuh, G. D. (2003). What we're learning about student engagement from NSSE: Benchmarks for effective educational practices. *Change: The Magazine of Higher Learning*, 35 (2), 24–32.

［92］Kuh, G. D. (2008). *High–Impact Educational Practices: What They Are, Who Has Access to Them, and Why They Matter*. Washington, DC: Association of American Colleges and Universities.

［93］Kuh, G. D., Ikenberry, S. O., Jankowski, N. A., Cain, T. R., Hutchings, P., & Kinzie, J. (2015). *Using Evidence of Student Learning to Improve Higher Education*. San Francisco: Jossey Bass.

［94］Laurillard, D. (2012). *Teaching as a Design Science: Building Pedagogical Patterns for Learning and Technology*. Abdingdon: Routledge.

［95］Law, J. (1994). *Organizing Modernity*. Oxford: Blackwell.

［96］Le Grange, L.（2016）. Decolonising the university curriculum. *South African Journal of Higher Education*, 30（2）, 1-12.

［97］Leibowitz, B., Famer, J., & Franklin, M.（2012）. *Teaching Excellence Awards in South Africa: A National Study.*

［98］Lessard-Phillips, L., Boliver, V., Pampaka, M., & Swain, D.（2018）. Exploring ethnic differences in the post-university destinations of Russell Group graduates. *Ethnicities*, 18（4）, 496-517.

［99］Lewis, H. R.（2006）. *Excellence without a Soul: How a Great University Forgot Education*. New York: PublicAffairs.

［100］Lindsay, T.（2019）. The 'other' college scandal: Grade inflation has turned transcripts into monopoly money. *Forbes Magazine*, 30 March 2019.

［101］Locke, W., Verbik, L., Richardson, J., & King, R.（2008）. *Counting What Is Measured or Measuring What Counts? League Tables and Their Impact on Higher Education Institutions in England*. Report to HEFCE. Bristol: Higher Education Funding Council for England.

［102］Luckett, K.（2016）. Curriculum contestation in a post-colonial context: A view from the South. *Teaching in Higher Education*, 21（4）, 415-428.

［103］Macfarlane, B.（2015）. Student performativity in higher education: Converting learning as a private space into a public performance. *Higher Education Research & Development*, 34（2）, 338-350.

［104］Macfarlane, B.（2016）. *Freedom to Learn: The Threat to Student Academic Freedom and Why It Needs to Be Reclaimed*. London: Routledge.

［105］Mamdani, M.（2016）. Between the public intellectual and the scholar: Decolonization and some post-independence initiatives in African higher education. *Inter-Asia Cultural Studies*, 17（1）, 68-83.

［106］Marginson, S.（2014）. University rankings and social science. *European Journal of Education*, 49, 45-59.

[107] Marginson, S. (2016). Global university ranking and performance improvement: What kind of international academic relations are created by rankings? In *Proceedings of the IREG-8 Conference, University Rankings and International Academic Relations -A Bridging Tool or a Hindrance*.

[108] Masehela, L. (2018). The rising challenge of university access for students from low-income families. In P. Ashwin & J. Case (eds)*Higher Education Pathways*. Cape Town: African Minds (pp. 165-176).

[109] Mason, R., & Rennie, F. (2006). *E-Learning: The Key Concepts*. London: Routledge.

[110] Massy, W. F. (2016). *Reengineering the University: How to Be Mission Centered, Market Smart, and Margin Conscious*. Baltimore: Johns Hopkins University Press.

[111] Maton, K. (2014). *Knowledge and Knowers: Towards a Realist Sociology of Education*. London: Routledge.

[112] Mellon, E. K. (1973). Lecture revisited. *Journal of Chemical Education*, 50 (8), 530.

[113] Meyer, J., & Land, R. (2005). Threshold concepts and troublesome knowledge (2): Epistemological considerations and a conceptual framework for teaching and learning. *Higher Education*, 49, 373-388.

[114] McLean, M., Abbas, A., & Ashwin, P. (2018). *How Powerful Knowledge Disrupts Inequality: Reconceptualising Quality in Undergraduate Education*. London: Bloomsbury.

[115] Mok, K. H. (2018). Does internationalisation of Higher Education still matter? Critical reflections on student learning, graduate employment and faculty development in Asia. *Higher Education Quarterly*, 72 (3), 183-193.

[116] Mok, K. H., & Neubauer, D. (2016). Higher education governance in crisis: A

critical reflection on the massification of higher education, graduate employment and social mobility. *Journal of Education and Work*, 29, 1−12.

［117］Montacute, R.（2018）. *Access to Advantage: The Influence of Schools and Place on Admissions to Top Universities*. London: The Sutton Trust.

［118］Muller, J.（2000）. *Reclaiming Knowledge: Social Theory, Curriculum and Education Policy*. Abingdon: Routledge.

［119］Muller, J. Z.（2018）. *The Tyranny of Metrics*. Princeton: Princeton University Press.

［120］Ndlovu−Gatsheni, S.（2013）. Decolonising the university in Africa. *The Thinker*, 51（2）, 46−51.

［121］Oanda, I., & Ngcwangu, S.（2018）. Destination and outcome trends for graduates from sub−Saharan African countries. In P. Ashwin & J. Case（eds）*Higher Education Pathways*. Cape Town: African Minds（pp. 260−273）.

［122］OECD（2017）. *Benchmarking Higher Education System Performance: Conceptual Framework and Data*. Enhancing Higher Education System Performance. Paris: OECD Publishing.

［123］OECD（2017a）. *Entrepreneurship at a Glance 2017*. Paris: OECD Publishing.

［124］OECD（2017b）. *Government at a Glance 2017*. Paris: OECD Publishing.

［125］OECD（2019）. *Education at a Glance 2019: OECD Indicators*. Paris: OECD Publishing.

［126］OECD（2019a）. Higher education needs to step up efforts to prepare students for the future.

［127］Okolie, U. C., Igwe, P. A., Nwosu, H. E., Eneje, B. C., & Mlanga, S.（2019）. Enhancing graduate employability: Why do higher education institutions have problems with teaching generic skills?. *Policy Futures in Education*, 1478210319864824.

［128］Orwell, G. (1949). *Nineteen Eighty-Four*. Harmondsworth: Penguin Books.

［129］Pitman, T., Roberts, L., Bennett, D., & Richardson, S. (2019). An Australian study of graduate outcomes for disadvantaged students. *Journal of Further and Higher Education*, 43 (1), 45-57.

［130］Platt, L. (2019). *Understanding Inequalities: Stratification and Difference*. Second Edition. Cambridge: Polity Press.

［131］Prakhov, I., & Yudkevich, M. (2019). University admission in Russia: Do the wealthier benefit from standardized exams? *International Journal of Educational Development*, 65, 98-105.

［132］Pritchard, D. (2010). Where learning starts? A framework for thinking about lectures in university mathematics. *International Journal of Mathematical Education in Science and Technology*, 41, 609-623.

［133］Prosser, M., & Trigwell, K. (1999). *Understanding Learning and Teaching: The Experience in Higher Education*. Buckingham: Society for Research into Higher Education and Open University Press.

［134］Psacharopoulos, G., & Patrinos, H. A. (2018). *Returns to Investment in Education: A Decennial Review of the Global Literature*. Washington, DC: The World Bank.

［135］Ramsden, P., & Callender, C. (2014). *Appendix A: Literature Review. Review of the National Student Survey*. Bristol: Higher Education Funding Council for England.

［136］Reay, D., David, M., & Ball, S. J. (2005). *Degrees of Choice: Social Class, Race, and Gender in Higher Education*. Stoke on Trent: Trentham Books.

［137］Reid, A., Nagarajan, V., & Dortins, E. (2006). The experience of becoming a legal professional. *Higher Education Research & Development*, 25, 85-99.

［138］Rigg, P., & O'Malley, B. (2017). Universities can nurture leaders of social change. *World University News*, 2 February 2017.

［139］Robbins, D.（1988）. *The Rise of Independent Study: The Politics and the Philosophy of an Educational Innovation, 1970-87*. Buckingham: Society for Research into Higher Education and Open University Press.

［140］Saunders, M.（2006）. From 'organisms' to 'boundaries' : The uneven development of theory narratives in education, learning and work connections. *Journal of Education and Work*, 19, 1-27.

［141］Saunders, M.（2012）. The use and usability of evaluation outputs: A social practice approach. *Evaluation*, 18, 421-437.

［142］Saunders, M., Charlier, B., & Bonamy, J.（2005）. Using evaluation to create 'provisional stabilities' bridging innovation in higher education change processes. *Evaluation*, 11, 37-54.

［143］Schleicher, A.（2016）. Value-added: How do you measure whether universities are delivering for their students. *Higher Education Policy Institute 2015 Annual Lecture*.

［144］Shacklock, X.（2016）. *From Bricks to Clicks: The Potential of Data and Analytics in Higher Education*. London: Higher Education Commission.

［145］Shay, S., & Mkhize, T.（2017）. Curriculum transformation: Looking back and forward. In P. Ashwin & J. Case（eds）*Higher Education Pathways*. Cape Town: African Minds（pp. 192-203）.

［146］Shulman, L.（1987）. Knowledge and teaching: Foundations of the new reform. *Harvard Educational Review*, 57, 1-23.

［147］Sin, S., Reid, A., Jones, A.（2012）. An exploration of students' conceptions of accounting work. *Accounting Education: An International Journal*, 21, 323-340.

［148］Skelton, A.（2004）. Understanding 'teaching excellence' in higher education: A critical evaluation of the National Teaching Fellowships Scheme. *Studies in*

Higher Education, 29, 451–468.

[149] Skelton, A. (2005). *Understanding Teaching Excellence in Higher Education: Towards a Critical Approach*. London: Routledge.

[150] Sommer, J. (ed.). (2018). *The Academy in Crisis: Political Economy of Higher Education*. London: Routledge.

[151] Sperlinger, T., McLellan, J., & Pettigrew R. (2018). *Who Are Universities For?: Re-making Higher Education*. Bristol: Bristol University Press.

[152] Stokes, A. (2011). A phenomenographic approach to investigating students' conceptions of geoscience as an academic discipline. In A. Feig & A. Stokes (eds) Qualitative enquiry in *Geoscience Education Research: Geological Society of America Special Paper 474*. Boulder, Colorado: Geological Society of America (pp. 23–35). Strathern, M. (2000). The tyranny of transparency. *British Educational Research Journal*, 26 (3), 309–321.

[153] Sutton Trust and Social Mobility Commission (2019). *Elitist Britain 2019: The Educational Backgrounds of Britain's Leading People*. London: Sutton Trust and Social Mobility Commission.

[154] Tagg, J. (2019). *The Instruction Myth: Why Higher Education Is Hard to Change, and How to Change It*. New Brunswick, NJ: Rutgers University Press.

[155] Thompson, R. (2019). *Education, Inequality and Social Class: Expansion and Stratification in Educational Opportunity*. London: Routledge.

[156] Trowler, P. (2020). *Accomplishing Change in Teaching and Learning Regimes: Higher Education and the Practice Sensibility*. Oxford: Oxford University Press.

[157] Trowler, P., Ashwin, P., & Saunders, M. (2014). *The Role of HEFCE in Teaching and Learning Enhancement: A Review of Evaluative Evidence*. New York: Higher Education Academy.

[158] Vernon, M. M., Balas, E. A., & Momani, S. (2018). Are university rankings

useful to improve research? A systematic review. *PloS One*, 13（3）, e0193762.

［159］Walker, M.（2018）. A multi-dimensional approach to fair access. In P. Ashwin & J. Case（eds）*Higher Education Pathways*. Cape Town: African Minds（pp. 81-94）.

［160］Walker, M., & McLean, M.（2013）. *Professional Education Capabilities and Contributions to the Public Good: The Role of Universities in Promoting Human Development*. London: Routledge.

［161］Watson, D.（2011）. Cassandra and the politicians: Higher education and policy memory. *Educational Review*, 63, 409-419.

［162］Watson, D.（2014）. *The Question of Conscience: Higher Education and Personal Responsibility*. London: Institute of Education Press.

［163］Wheelahan, L.（2010）. *Why Knowledge Matters in Curriculum: A Social Realist Argument*. Abingdon: Routledge.

［164］Wildschut, A., Rogan, M., & Mncwango, B.（in press）. Transformation, stratification and higher education: Exploring the absorption into employment of public financial aid beneficiaries across the South African higher education system. *Higher Education*, 1-19.

［165］Willetts, D.（2017）. *A University Education*. Oxford: Oxford University Press.

［166］Wolf, A.（2002）. *Does Education Matter? Myths about Education and Economic Growth*. London: Penguin.

［167］Wood, L., Petocz, P., & Reid, A.（2012）. *Becoming a Mathematician: An International Perspective*. Dordrecht: Springer.

［168］Young, M. F. D.（2008）. *Bringing Knowledge Back In: From Social Constructivism to Social Realism in the Sociology of Education*. Abingdon: Routledge.

［169］Young, M. F. D., & Muller, J.（2015）. *Curriculum and the Specialization of Knowledge: Studies in the Sociology of Education*. London: Routledge.

［ 170 ］Yu, P. (2019). The stratification of higher education in the USA and Taiwan: A comparative analysis of students' college-choice outcomes. *Compare: A Journal of Comparative and International Education*, 49 (5), 700−722.

附录

附录 1

刘易斯·埃尔顿——个人反思

刘易斯·埃尔顿生前是多个领域中的专家。在我的眼中，他是一位高等教育研究者，也是我的博士生导师。

20 世纪 90 年代末，刘易斯担任我的博士生导师。他是一位出色的教师，对我而言，更是一位完美的导师。在我读博期间，我总是对各种教学与学习概念化的新方式感到激动。我常常借此来避免承担起理解自己的数据、提出一个对知识具有原创性贡献的观点等艰难的任务。刘易斯在看到这些新想法时总是十分宽容，但是总坚持说这些想法不应该只是简单地用新的方式来重新描述我们当下的理解，而应该更进一步。这项挑战让我拒绝了许多激动人心的想法，而当我在见导师之前，还完全相信这些想法会引发一场我们对于教学与学习的理解的革命，这使我收获颇丰。这样的情形还发生过很多次，但是刘易斯的宽容从来没有改变，而他也毫不动摇地坚持着应该对这些新想法能带来什么进行细致而具批判性的分析的观点。

刘易斯有一大强项，他对大学中教学与学习的本质以及大学作为一种组织的本质都有着很深的理解。而他将这两者结合到了一起，让他对高等教育中变革的分析有着不同寻常的深度与严谨。刘易斯同样致力于用引人入胜而又简单易懂的方式来解释这些想法。因此，直到今天，我依然发现有许多"刘易斯主义"很有意义。而我最爱的一条便是他对"有死必有生"的变革策略的描述。刘易斯描述的是这样一种策略：招募具有新思想的新员工，等待那些被视为"无法改变的"人离开，从而引入组织变革。他对这种策略不屑一顾，而他的态度十分正确。刘易斯提出的重要观点是，这种方式没法带来持久的变革，相反，这最有可能让新员工发生变化，融入旧有的工作方式当中。

刘易斯的文字直白易懂。他拒绝躲在术语的背后，而这再次证明了他对高等教育的深入理解。刘易斯的工作成果常常被人们忽视，因为这些成果是发表在期刊文章之中，而没有集在一起，编成关于高等教育教学与学习的光鲜书籍。然而，如果你愿劳心去找寻这些成果的话，你就会收获一份能经历时间考验的对高等教育的分析。例如，他数篇关于定义与评估教学卓越性与教学质量的文章，虽然有几篇写于 30 多年前，但是其对英国政府教学卓越框架（TEF）所面临困境进行的分析比我读过的其他任何文章都更有力。

总之，刘易斯对高等教育的贡献体现于对改进大学中的教学与学习质量的坚定承诺。刘易斯是最不虚浮而又最具见识的高等教育批评家之一，我深感怀念。

附录2

大卫·沃森的学术遗产：迈向高等教育研究的良心

我总是对列表抱有戒心。列表会让我思考不同条目之间有何关系，这些条目又是如何共同组成一个一致的整体的。我会想这些条目是否相互排斥，而如果说它们互有交叉，那是怎么交叉的。我带着这份戒心来看大卫·沃森出色的高等教育研究会（SRHE）主席演讲，在演讲中大卫概述了"高等教育论述中的八个范畴错误""现代高等教育誓言"十诫以及"学术生活十法则"。尽管我持有戒心，但还是要说这些列表捕捉到了现代高等教育经历中的一些根本性内涵。这些列表是明智的、经过深思熟虑的，并且总是具有挑战性的。所以，在反思并赞颂大卫的学术遗产时，把其列成一个列表的形式似乎很合适。在回顾大卫的成果，思考其能将我们领向何方时，我感觉它为我们形成高等教育研究的良知完成了许多工作。

了解你的历史

大卫是一位历史学家，他的学术作品当中经常包含类似于"如果你看一下历史的长河"或"如果你采取历史观点"的词句，而在这些词句之后，一些所谓完全原创的政策或研究想法会被完全推翻。大卫的学术作品会仔细展示某一情况的哪些方面我们已经经历过，而该情况又有哪些新的方面。他会谴责拒绝从历史中学习的行为：无论是当移除学生数量上限时拒绝从"个人学习账户"这一计划中吸取经验，还是在实施基础学位时不从高等教育文凭（DipHE）中学习。

作为高等教育研究者，我们同样需要了解自己的历史，全面认识到自己的研究如何与以往的事发生关系，这样我们才不会因过分夸大而削弱自己对知识的贡献。

了解你自己

大卫的作品清楚表明了作为高等教育研究者，我们需要了解我们论述的立场，知晓我们的观点如何受自身利益的影响。大卫是高等教育转变人生的力量的积极倡导者，但他同样也积极倡导，如果我们要宣称高等教育对个人来说具有转变性，那么我们就需要真切地了解这是如何发生的。这种转变的本质是什么？为什么会发生这种转变？高等教育是这种转变的必要条件吗？其是充分条件吗？所有形式的高等教育是否都会导致这种转变？

提出困难的问题，但也要回答困难的问题

大卫经常写到我们如何被真正的高等教育迫使，去尝试回答一些困难的问题。他也经常自己回答这样的问题：高等教育部门是否仍然存在？后院校高等教育是什么样的？这里的关键在于专注于回答这些问题，仅仅批评是不够的。作为高等教育研究者，我们需要提供切实可行的替代方案，而不仅仅是指出现行安排和政策的问题所在。

要一致

大卫的作品表明，若要回答这些困难的问题，则不能容忍诡辩。作为高等教育研究者，我们需要以自己对他人的要求来要求自己，像批判他人一样批判自己。这种一致性至关重要，因为它让我们的观点有力，也让我们在尝试向权力述说真相时不会显得自我放纵。

警惕怀旧与黄金时代叙事

与需要保持一致性相关的一点是，需要避开落入黄金时代叙事的怀旧诱惑力

125

所创造的陷阱中。大卫的作品强烈批判了那些对向更多人群开放高等教育机会表达厌恶的人。例如，他批评弗兰克·菲雷迪（Frank Furedi）"对任何事都感到不满"，批评斯蒂芬·科里尼（Stefan Collini）历史不好且对高等教育的总体分析不佳，但是也认可他分析人文学科的能力。黄金时代叙事的问题在于，它们最终会暗示高等教育的扩张是一场灾难，最后会让那些想要利用社会特权来评估学术卓越性的人有所依仗。

不要让名气与声誉遮蔽你的双眼

现代高等教育面临的一大挑战是院校名气常常会被误认为是院校质量。大卫批评了人们倾向于关注十八岁学生接受高等教育的"康庄大道"，而不理解终身学习的力量与学分转移的重要性。大卫极具批判性，因为由名气和声誉助长的盲目限制了高等教育转变人生的潜力。

集体思维与国际思维

从事高等教育研究需要我们关注我们可以共同实现的事。高等教育以及高等教育研究所面临的问题可以通过集体解决而无法通过个人解决。因此，我们需要忽略倒向个人主义的压力，即便现代高等教育的奖励系统极大地支持了个人主义。我们同样需要认识到我们往往会体验一种十分具体的高等教育版本。大卫的作品引起人们关注高等教育在全球的南方看起来是什么样的，这为如何以新的方式看待我们的处境提供了可能性。国际思维能让我们更全面地了解自己。

严肃待事但永远不要矫揉造作

全球南方的观点可以帮助我们认识到关于高等教育的讨论的重要性。我们不应该对人们获得接受高等教育的机会无动于衷，相反，我们需要认识到世界上有许多人都极度渴望大学教育提供的机会。我们需要积极维护高等教育，但我们也绝不应该矫揉造作，为了传统而固守排他性传统。大卫的作品要求我们严肃思考一个为所有能从中受益的人提供终身学习机会的高等教育系统该是什么样的。

要有雄心、信心且虚心

这种思考方式需要我们有雄心并且对我们对高等教育力量的理解有信心。这还要求我们坦诚且虚心地对待我们所不知道的事。正如大卫所述："研究者在最理想的情况下，可以带来一种强烈的历史感受能力、对大学更广泛作用的理解以及新颖的见解。而在最坏的情况下，研究者可以是防御性的、道歉的、自私的和重复的。"（Watson 2011，p. 410）

永远不要忘记那是一种特权

大卫的作品十分清楚地表明，尽管我们面临重重困难与挑战，现代高等教育依然提供了能显著转变人生的事物。大卫的学术遗产传递了一个关键信息，研究高等教育的特权与乐趣让我们有了巨大的责任，要尽己所能来研究高等教育。

注释

第一章

❶ Blumenstyk（2015）；Sommer（2018）；Frank et al.（2019）。

❷ Massy（2016）；Giglotti（2019）。

❸ Lewis（2006）；Brink（2018）；Connell（2019）。

❹ Mok and Neubauer（2016）。

❺ Masehela（2018）；Sperlinger et al.（2018）。

❻ Hartlep et al.（2017）；Case et al.（2018）；Oanda and Ngcwangu（2018）。

❼ Alvesson et al.（2017）；Ahlburg（2018）。

❽ Brennan and Magness（2019）。

❾ Cheong et al.（2016）；Mok（2018）；Okolie et al.（2019）。

❿ Arum and Roska（2011）。

⓫ 一罕见特例可参见 Astin（2016）。

⓬ 本书献给两位对大学教育进行了卓越倡导但不幸已离世的人，刘易斯·埃尔顿与大卫·沃森。书中虽然对他们作品的引用有限，但其写作精神在很大程度上受到了他们作品的影响。为了展示这一点，我在附录中添加了两篇分别介绍他们对高等教育的贡献的文章，而两篇文章写于他们去世后不久之时。

⓭ Altbach et al.（2019）。

⓮ OECD（2019）。

❻ 然而，同样值得注意的是"免费高等教育"在不同国家背景中的含义可能十分不同（参见 de Gayardon 2019）。

❻ Willetts（2017）。

❼ Schleicher（2017）；Willets（2017）。

❽ 例如，欧洲高等教育部长们发布的《埃里温公报》表明了高等教育为学生就业做好准备的重要性，尽管欧盟内的收费制度有很大的差异（参见 Conference of Ministers Responsible for Higher Education 2015）。

❾ Chetty et al.（2017）；Clotfelter（2017）；Friedman and Laurison（2019）；Sutton Trust and Social Mobility Commission（2019）；Thompson（2019）；Platt（2019）；Wildschut et al.（in press）。

❿ 值得注意的是，这并不是什么新观点。1970 年时布迪厄（Bourdieu）与帕瑟隆（Passeron）（1990, p. 210）就认为教育"授予了有特权的人不把自己视为拥有特权的至高特权（并且）让他们更容易说服被剥夺应享权力的人认为自己应缺乏天赋或特长而决定了自己的学术与社会命运"。

㉑ 例子可参见 Rigg and O'Malley（2017），以及在互联网上搜索"大学如何改变世界"会出现许多大学网页，描述它们的研究和学位课程如何改变世界。

㉒ 更为全面的讨论可参见 Ashwin and Case（2018）。

㉓ Sutton Trust and Social Mobility Commission（2019）。

㉔ 例子可参见 Jack（2019）。

㉕ 这个观点最初是由开普敦大学的大卫·库伯（David Cooper）向我提出的。有关旨在培养致力于公共利益的专业人士的项目，请参见 Walker and McLean（2013）。

㉖ Cantwell et al.（2018）。

㉗ 对高等教育中宣言体裁突然出现的讨论以及另一种想象未来 10 年、50 年和 200 年内优秀大学样子的方式，可参见 Connell（2019）。

㉘David Watson（2014）认为，如果大学要声称他们可以转变学生，那么他

们需要展示：第一，这种转变是如何发生的以及为什么会发生；第二，它是否是一种计划好的转变；第三，高等教育是否是这种转变的必要和 / 或充分条件；第四，是否所有形式的高等教育都会导致这种转变。本书侧重于沃森提出的第一和第二个条件，并根据第四个条件断言，某事物要能被视为大学教育。其必须具有转变性的潜力。第三个条件引出了重要的问题，但超出了本书的范围。

第二章

❶ Cantwell et al.（2018）。

❷ 例子可参见 OECD（2019）。若想深入分析这如何在英国高等教育的政策讨论中起作用，可参见 Ashwin et al.（2015）。

❸ 参见 Psacharopoulos and Patrinos（2018）and 'Going to University Is More Important than Ever for Young People'（3 February 2018）。

❹ 例子可参见 Jackson（2014）。

❺ 参见 Guile and Unwin（2019）。

❻ 例子可参见 Arum and Roxa（2011），其引发了对美国高等教育有效性的强烈担忧。然而，值得注意的是，该文关注的是学生在学位学习期间通用技能成长的程度，而不是对学科和 / 或专业知识体系的理解程度。

❼ 这一观点的相关例子可参见 Dore（1976）；Wolf（2002）；and Caplan（2018）。

❽ Caplan（2018）提出了这一观点。

❾ Holmes（2004）。

❿ Blasko（2002）；Chetty et al.（2017）；Clotfelter（2017）；Lessard–Phillips et al.（2018）；Friedman & Laurison（2019）；Sutton Trust and Social Mobility Commission（2019）；Wildschut et al.（出版中）。

⓫ 可参见 Bowden and Marton（1998），以了解对看待世界的方式如何成为大

学教育基础的全面分析。

第三章

❶ 这样的设想影响了全世界的许多国家都设置了个人教学奖（参见 Skelton 2004, 2005；Leibowitz et al. 2012；Behari-Leak and McKenna 2017；Efimenko et al. 2018）。

❷ 例子可参见 Elton（2001）对关于理查德·费曼（Richard Feynman）物理学入门课程的迷思的讨论。

❸ 还有一种与此相关且存在已久的关于"天生优秀的教师"的迷思，参见 Grambs（1952）；Elton（2008）。

❹ 例如，Mellon（1973）报道参加了一个教育专题研讨会，其把讲座描绘为"完全过时"（p. 530）。还可参见 Bligh（2000）；Gibbs（2013）。

❺ 参见 Pritchard（2010）以了解对讲座在大学数学中的不同作用的深入讨论。

❻ 参见 Ashwin（2005, 2006）。

❼ 例子可参见 Ashwin（2003），以了解考核学生的不同方式如何影响同伴学习计划的过程与成果。

❽ 参见 Elton（2003）与 Ashwin（2002）以了解联系同伴学习计划的实施对这种现象的讨论。

❾ 例如，近期一项对学生成功计划的大规模评审（Civitas Learning 2019）发现关注了解学习某门课程的具体学生的数据，并基于此设计干预措施比遵循最佳范例更有效。

❿ 近期例子可参见 Davidson（2017）与 Tagg（2019）。

⓫ 对以教师为焦点的教学的深入讨论可参见 Prosser and Trigwell（1999）。

⑫ 参见 Ashwin（2020）以了解该观点的完整论述。

⑬ Holmes（2004）；MacFarlane（2015）。

⑭ Shulman（1987）；Holmes（2004）；Biesta（2010）。

⑮ 参见 Ashwin et al.（2020）以了解对该设计过程的全面分析。

⑯ Holmes（2004）。

⑰ Holmes（2004）。

⑱ 完整讨论参见 Ashwin et al.（2020）。

⑲ 例子可参见 Kennedy et al.（2016）。

⑳ Lindsay（2019）。

㉑ Kuh（2003）。

㉒ Bachan（2017）。

㉓ 更完整的讨论参见 Ashwin et al.（2020）。

㉔ Astin（2016）提供了一个令人信服的描述，阐述了对"聪明"的痴迷如何扭曲了美国的高等教育系统。

㉕ OECD（2019）表明了，各国父母的受教育水平如何对于学生完成本科学业的可能性产生影响，而在几乎所有的情况中，父母中至少有一人完成高等教育的学生学业的可能性最高，而那些父母未完成中等教育的学生学业完成率最低。这在不同国家有所不同，完成率之间的差异在 5%~20%（OECD 2019）。

㉖ 近例可参见 Carrigan（2019）。

㉗ 例子可参见 McLean et al.（2018）。

㉘ 完整讨论参见 Ashwin et al.（2020）。

㉙ 例子可参见 Chickering and Gamson（1987）；Kuh（2008）；Ambrose et al.（2010）；Gibbs（2010）；Laurillard（2012）；Entwistle（2018）；Ashwin et al.（2020）。

㉚ 正如 Ausubel et al.（1978）多年前所指出的。

第四章

❶ 例子可参见 OCED（2017）。

❷ Boliver（2013）；Jerrim et al.（2015）；Chetty et al.（2017）；Clotfelter（2017）；Yu（2019）。

❸ 乔治·奥威尔在小说《1984》中用该词来表示"一个人的脑子里，同时拥有两种相互矛盾的信念，而且两种都接受"（Orwell 1949, p. 171）。这既是一种有意识的过程，也是一种无意识的过程，让人能完全坦诚地使用有意识的欺骗。下方奥威尔所写的这段话似乎异常准确地描述了大学领导者在商业排名方面的做法："讲着别有用心的谎言，同时又真心实意相信这些谎言；忘掉一切变得有碍的行为，然后一旦再次需要，又从遗忘中捡回来；否认客观现实的存在，同时又考虑到被否认的现实。"（Orwell 1949, p. 171）。

❹ 此观点与商业大学排名作为教育质量评估标准有关。与研究质量有关的排名与商业排名不同，此处提出的每一个问题并非都与研究排名有关。虽然对教育质量的排名几乎完全是基于商业基础的，但是还是有一些高等教育部门内部制作的重要研究排名，这很有意义。对此的讨论可参见 Marginson（2014）与 Vernon et al.（2018）。

❺ 只要访问提供排名公司的官网，查看它们为与排名有关院校提供的各种产品，就可以轻易发现这点。

❻ 参见 Ellen Hazelkorn（2015, 2016）在此领域的重要成果，以及 Espeland and Sauder（2016）对于法学院排名对美国高等教育影响的深入研究。

❼ 参见 Locke et al.（2008）了解对大学排名机构使用的"事实核查"的描述。显然，该参考文献已经过时了，写于在商业排名成为如此大规模产业之前的一段时间。现在排名机构不太可能提供能如此能动摇他们排名客观评判表象的证据。

❽ 参见 Altbach and Hazelkorn（2018）。

❾ Boliver（2013）；Jerrim et al.（2015）；Chetty et al.（2017）；Clotfelter（2017）；Yu（2019）。

❿ 例子可参见 Schleicher（2016）。这里迷思在于试图将各种不同的元素结合起来，以呈现一个单一的图像，而不是否认获得多个数据点能带来力量的说法。

⓫ 例子可参见 Shacklock（2016）。

⓬ Espeland and Sauder（2016）将把质量转换为数量的过程称为"量质相称"，并强调这种方式过度简化了事物之间的差异，认为差异只存在于单维度的数量中而没有不同维度间的差异。

⓭ 这与我在第二章中提出的关于通用技能的问题类似。

⓮ 运用此方法的一个国际案例是经合组织（OECD）高等教育学习成果评测（AHELO）项目。其试图根据学生在通用技能测试中的表现来提供对不同大学教育质量的国际比较（对此方法的批判参见 Ashwin 2015）。

⓯ Goodhart（1984）。对其与指标关系的全面讨论可参见 Muller（2018）。对其与高等教育表现指标的讨论可参见 Elton（2004）。

⓰ Elton（2004）提出。

⓱ 参见 Huxley and Peacey（2019）。

⓲ 这些考量源于与蕾切尔·斯威特曼的合作成果（参见 Ashwin & Sweetman 2016）。

⓳ 参见 Johnes（2018）。

⓴ 英国大学教育的质量考核历史来回摆动，一会儿是对质量进行精细考核，很快就发现成本太高；一会儿又是采用更轻量级的方法，很快又发现不够精细。

㉑ 相反，参见 Strathern（2000）对"透明度的暴政"的论述。

㉒ Muller（2018）探索了存在于教育、医药、治安、军事、商业与金融、慈善与国际援助中的"指标暴政"。他展现了当下对指标的痴迷带来的意料之外而又情理之中的负面后果。

㉓ 这些标准基于 Ashwin and Sweetman（2016）中所概述的标准。

㉔ 正因如此，英国全国学生调查是被用于在学科层面比较大学课程的设计，参见 Ramsden and Callender（2014）。

第五章

❶ Bowden and Marton（1998）。

❷ Ashwin et al.（2014, 2016, 2017）and McLean et al.（2018）。

❸ Reid et al.（2006）。

❹ Sin et al.（2012）。

❺ Wood et al.（2012）。

❻ Bradbeer at al.（2004）。

❼ Stokes（2011）。

❽ 参见 Ashwin et al.（2016）。

❾ 这种思维方式基于在该领域得出十分相似结论的两种独立文献。一种来源于 Basil Bernstein（2000）的成果。对此成果作出关键贡献的包括 Muller（2000）；Young（2008）；Wheelahan（2010）；Maton（2014）；Young and Muller（2015）。另一种源于 Bowden and Marton（1998），并在 Bailee et al.（2013）中得到进一步扩展。

❿ Avvisati at al.（2014）；Ashwin et al.（2015）；OECD（2019a）。还可参见经合组织"2030：未来的教育与技能"项目。

⓫ 参见 Robbins（1988）。

⓬ 这些例子都来自我在一所自认为在任何评估标准下都是世界领先的大学进行的一项研究，一些学生认为教学方法成为阻碍他们与学科进行深度接触的障碍。我应该补充一点，就是也有很多学生经历了转变性的学习经历，这也进一步证明了之前所说的单个院校内教育质量的不一致性。

⓭ Boyer（1990）这一具有影响力的作品提出了四种学术研究：发现、整合、应用与教学。

第六章

❶ 在第三章中，我解释了这些原则是如何通过考虑一系列关于高等教育中高质量教学与学习的原则组的核心而提出的（参见 Chickering & Gamson 1987；Kuh 2008；Ambrose et al. 2010；Gibbs 2010；Laurillard 2012；Entwistle 2018；Ashwin et al. 2020）。

❷ 这回到了奥苏贝尔（Ausbel）的著名论断："如果我不得不把全部教育心理学还原为一条原理的话，我将会说，影响学习的唯一的最重要的因素是学习者已经知道了什么。弄清这一点并据此来教学。"［Ausubel et al.（1978），p. 163］。

❸ 这种看待教学的方式基于 Lee Shulman（1987）提出的"学科教学知识"这一概念，Shulman 认为对如何让知识可教是教师的专属领域。

❹ 对这一过程的进一步讨论参见 Ashwin et al.（2020）。

❺ 逐渐增长的对阈概念讨论的文献资料（Meyer and Land 2005）提供了许多被认为是学生形成对具体学科的理解过程中十分关键的知识方面的例子。阈的概念是学术要想在学业上取得进展需要掌握的具体观点或理解。这包括一种看待学科的具体方式，没有这种方式学生就会误解所学学科其他方面的含义。相关例子包括经济学中的"机会成本"与数学中的"复数"。

❻ Gibbs（2010）；Boud et al.（2018）；Kuh et al.（2015）；Ashwin et al.（2020）。

❼ 近例可参见 Carrigan（2019）。

❽ Macfarlane（2016）。

❾ Cantwell et al.（2018）。

❿ Boyer（2016）。

第七章

❶ 关于大学录取过程在不同国家背景中的构造方式的研究可参见 Reay et al.（2005）；Jerrim and Vignoles（2015）；Gao and Ng（2017）；Dias Lopes（2017）；Montacute（2018）；Dougherty（2018）；Walker（2018）；Prakhov and Yudkevich（2019）。

❷ Ramsden and Callender（2014）。

❸ 正如上一章所讨论的，有许多现存框架可以用于这一点，同时其所包含的因素具有惊人的一致性（参见 Chickering & Gamson 1987；Kuh 2008；Ambrose et al. 2010；Gibbs 2010；Laurillard 2012；Entwistle 2018；Ashwin et al. 2020）。

❹ Blasko（2002）；Lessard-Phillips et al.（2018）；Friedman and Laurison（2019）；Sutton Trust and Social Mobility Commission（2019）；Wildschut et al.（出版中）。

❺ Chickering and Gamson（1987）；Kuh（2008）；Ambrose et al.（2010）；Gibbs（2010）；Laurillard（2012）；Entwistle（2018）；Ashwin et al.（2020）。

❻ 参见 Ashwin et al.（2020）。

❼ 在表面看来，这可能像是英国教学卓越框架所涉及的过程。然而，教学卓越框架包含的指标（特别是对毕业生薪水的强调）以及其在院校层面对质量的关注，还有在以后对学科群而不是具体学科项目的关注都意味着卓越教学框架不能为大学学位质量提供有效的评估标准（参见 Ashwin 2017, 2018）。

❽ Espeland and Sauder（2016）。

❾ Marginson（2016）分析了如果以制作大学排名的方式来举办一场世界杯会是什么样的。

❿ 例如，2017 年英国有 414,000 名学生获得了初级学位，而这些学生中的百分之五（19000 人）入职了《时代》评选的全球百大公司（High Filers 2018）。大约有百分之六十的学生入职了经合组织国家中的微小企业（OECD 2017a），还有百分之二十左右的学生入职了公共部门（OECD 2017b）。

第八章

❶ Saunders（2006）。

❷ 参见 Saunders et al.（2005）；Trowler（2020）。

❸ 关于不同变革理论在高等教育具体实例中如何起作用的例子参见 Trowler（2020）。

❹ 联系教学卓越计划对此进行的讨论参见 Ashwin（2020a）。

❺ Saunders（2005）；Trowler（2020）。有时这也被称为"转移式"变革方式，参见 Skelton（2004, 2005）。

❻ 关于展示这种变革理论如何在多年来支撑英国全国教学提升计划的一项评论参见 Trowler et al.（2014）；联系高等教育中达成教学卓越的系统层面方式进行的讨论参见 Ashwin（2020）。

❼ 这一方式被用于英国教学卓越框架（对此的批判性分析参见 Ashwin 2017, 2020），还用于经合组织高等教育学习成果评测（对此的批判性讨论参见 Ashwin 2015）。

❽ 在提出英国政府实施教学卓越框架目的的《英国政府绿皮书》当中，十分清晰地提出了这种变革理论："教学卓越框架应该改变提供者的行为。在教学卓越框架中表现优异的提供者可以吸引更多的学生申请，并能够随通胀提高学费。获得的额外收入可以重新投资于教学质量提升，让提供者得以扩张从而能教授更多学生。我们希望在教学卓越框架中考核结果不理想的提供者会选择提升自己的教学标准，从而保持学生数量。最终，我们预期一些低质量提供者会从中退出，为新成员留出空间，从而提升整体质量。"（BIS 2015, p. 19 para. 4）。

❾ Reay et al.（2005）；Jerrim and Vignoles（2015）；Gao and Ng（2017）；Dias Lopes（2017）；Montacute（2018）；Dougherty（2018）；Prakhov and Yudkevich（2019）。

❿ 更多例子参见附录 1；Saunders（2005）；Trowler et al.（2014）。

⓫ Mason and Rennie（2006）。

❷ 这基于 Bernstein（2000）提出的教学机制概念，其关注社会如何产生知识，并将这种知识转变为课程，以及如何考核学生对这种知识的理解。对其与知识即研究、知识即课程、知识即学生理解三个角度进行的高等教育研究之间区别的讨论参见 Ashwin（2014）。

❸ 对知识从研究到课程到学生理解的转变的全面讨论参见 Ashwin（2009）。

❹ 虽然不是每个高等教育系统都这样，并且仍然存在高等教育系统并没有明确的院校等级，但有迹象表明这种现象会越来越普遍（Cantwell et al. 2018）。

❺ Connell（2019）对好人学的观点建立了对高等教育工作者的考虑。

❻ 关于"谦逊"社会科学的一个观点参见 Law（1994）。

❼ 参见 Ashwin and McVitty（2015）。

❽ Ndlovu-Gatsheni（2013）; Le Grange（2016）; Luckett（2016）; Connell（2019）。

❾ 参见 Brink（2018）。

❿ Beista（2010）强调了教育的三大作用：知识、技能及理解的资格化与发展；成为具体社会、文化及政治背景的社会化；让人能在这些背景中获得一些独立与自主的主体化。这三个功能都对人类至关重要。